教育經典叢書

教育漫談

Propos sur l'éducation

[法] 阿　蘭　著

王曉輝　譯

中
華
教
育

Alain, Émile Chartier

PROPOS SUR L'ÉDUCATION

Paris: Les Presses universitaires de France, 13e édition, 1967.

譯者序

　　阿蘭（Alain），真實名字為埃米爾－奧古斯特‧夏蒂埃（Émile-Auguste Chartier），1868 年 3 月 3 日生於法國諾曼底地區的莫爾塔尼歐佩爾什（Mortagne-au-Perche）。

　　1881 年，阿蘭進入阿朗松中學（Lycée d'Alençon）讀書，開始對柏拉圖、笛卡爾、巴爾扎克等人感興趣。1886 年，阿蘭在旺夫的米什萊中學（Lycée Michelet de Vanves）做走讀生，在那裏遇見哲學教師儒爾‧拉尼奧（Jules Lagneau，1851 年 8 月 8 日 — 1894 年 4 月 22 日），奠定了其未來的哲學學習方向。

　　1889 年，阿蘭考入巴黎高等師範學校，1892 年畢業，獲得中學哲學高級教師資格（agrégation de philosophie），然後相繼在蓬蒂維（Pontivy）的約瑟夫－羅特中學（Lycées Joseph-Loth）、魯昂（Rouen）的高乃依中學（Lycée Corneille）和巴黎的孔多賽中學（Lycée Condorcet）擔任哲學教師。1909 年，阿蘭開始在巴黎的亨利四世中學（Lycée Henri-IV）繼續擔任哲學教師，深深影響了許多學生，如西蒙娜‧維爾（Simone Weil，1909 年 2 月 3 日—1943 年 8 月 23 日，哲學家）、雷蒙‧阿隆（Raymond Aron，1905 年 3 月 14 日—1983 年 10 月 17 日，哲學家）、喬治‧康居朗（Georges Canguilhem，

1904 年 6 月 4 日—1995 年 9 月 11 日，哲學家）、安德烈‧莫洛亞（André Maurois，1885 年 7 月 26 日—1967 年 10 月 9 日，作家）、朱利安‧格拉克（Julien Gracq，1910 年 7 月 27 日—2007 年 12 月 22 日，作家）。

1914 年第一次世界大戰爆發。雖然法律規定免除教師的服兵役義務，阿蘭還是堅持參軍，在部隊擔任炮兵下士，但拒絕晉升。1917 年，阿蘭因腳被軋傷而復員，仍回亨利四世中學教書。因目睹了戰爭的殘酷，阿蘭於 1921 年發表了反對戰爭的著作《戰神或被審判的戰爭》（*Mars ou la guerre jugée*）。戰後，阿蘭投入促進自由共和國的激進運動。1927 年，阿蘭簽署一份反對關於廢除知識獨立和輿論自由法律的請願書。1934 年，阿蘭與保羅‧朗之萬等人共同創建反法西斯委員會（Comité de vigilance des intellectuels antifascistes）。

1936 年，阿蘭在長期經歷風濕病困擾之後，又患腦中風，不得不坐輪椅。特別是在 20 世紀 40 年代初，他的好友與學生的逝世對其身心打擊巨大，他因而身體更加虛弱。1951 年 5 月，阿蘭獲得法國文學大獎；同年 6 月 2 日，阿蘭於勒韋西內（Le Vésinet）逝世，後葬於巴黎拉雪茲神父墓地。

自 1903 年起，阿蘭開始為《魯昂快報》（*Dépêche de Rouen*）的「漫談」專欄撰寫文章。至 1914 年，他發表的漫談短文超過三千篇，之後結集成若干專著，如《關於精神

與激情的八十一章》(*Quatre-vingt-un chapitres sur l'Esprit et les Passions*)(1917 年)、《美術體系》(*le Système des beaux-arts*)(1920 年)。阿蘭的其他主要著作為:《美學漫談》(*Propos sur l'esthétique*)(1923 年)、《權力漫談》(*Propos sur les pouvoirs*)(1925 年)、《幸福漫談》(*Propos sur le bonheur*)(1925 年)、《諸神》(*Les Dieux*)(1933 年)、《文學漫談》(*Propos de littérature*)(1934 年)、《政治漫談》(*Propos de politique*)(1934 年)、《經濟漫談》(*Propos d'économique*)(1935 年)、《精神季節》(*Les Saisons de l'esprit*)(1937 年)、《宗教漫談》(*Propos sur la religion*)(1938 年)、《精神的值夜者》(*Vigiles de l'esprit*)(1942 年)。

阿蘭以哲學家的視角對教育予以特別的關注,《教育漫談》(*Propos sur l'éducation*)便是他對教育的幾乎全部領域的哲學看法。「漫談」是一種短小精悍的文體,既可以海闊天空地談及各種領域,也可以對某種思想或社會現象進行犀利的批判。阿蘭的《教育漫談》收集了作者在 1921 — 1931 年發表於《自由漫談》(*Libre propos*)雜誌的文章,首次出版於 1932 年。全書共八十六章,原著各章以羅馬字母排序,考慮到原著的寫作風格和我國的文化習慣,繁體版譯文章次採用阿拉伯數字,本序言中的引文出處也用阿拉伯數字加括號表示。本書涉及領域極廣,從人文科學到自然科學,幾乎囊括了當時所有領域的科學知識與常識,但無任何註釋。為了方便讀者閱讀,譯者儘可能地查詢多種

文獻，對主要人名、地名及事件加以註釋。

　　阿蘭長期在中學擔任教師，談及教育時語言生動活潑，許多話語像警句那樣常留人心間，但經常又以哲學的語言表達，不時地戛然而止，給人以無限遐想的空間。本書無法窮盡其閃光的教育哲學思想，只能擇其點滴供讀者參考。

讚美學校

　　長期在學校工作，必然會對學校產生感情，但阿蘭的感情似乎與常人不同，他讚美學校近乎於絕對的程度。他說，「學校是一個令人讚美的地方。我很高興外面的噪音一點也進不了學校，我就是喜歡光禿禿的牆壁。」(6) 他希望學校與世隔絕，「兩耳不聞窗外事，一心只讀聖賢書」，與盧梭把學校設在大自然之中的主張有異曲同工之處。當然，我們今天已經無法將學校與社會隔離，但適當避開喧囂、逐利的物質社會還是必要的。

　　學校不同於任何工作場所，它允許犯錯，犯錯在學校是一種常態。因此阿蘭說，「學校看起來十分美好，因為錯誤在那裏沒有任何重大不良後果。」(78)「人們在這裏犯錯，人們又在這裏重新開始，錯誤的加法不損害任何人。」(29) 學校又是特殊設置的空間，「學校裏的孩子們看起來很美好，在那他們找到了適合自己的能力。如果你仔細看，你會發現防護牆與圍欄抵禦着所有外部的侵襲。兒童

在船上或在車上玩耍，還會在路上轉彎，但沒有水，也沒有馬」(15)。

學校也有情感，但「學校是另一種類型的社會，明顯不同於家庭，也明顯不同於普通人的社會，它有其自身的條件和自身的組織，也有其自身的崇拜與激情」(15)。家長可能對於自己兒子的無知感到臉紅，猶如為自己感到羞愧，他會失控，事情會越來越糟。但「學校顯示出公正，它不必去愛，也不求原諒，因為它從未傷害過誰。教師的力量在於，當他責備之後，隨即便不再去想，孩子們都十分明白。因此，教師的懲罰不像父親懲罰自己的兒子那樣，受處分者不會受到傷害」(9)。

學校也有正義，因為「在學校這樣的社會，情感不被考慮，既可以原諒一切，也可以毫無原諒。這裏顯示不出絲毫的愛，也不能期待任何的愛。這個社會所建立的秩序與家庭中的秩序毫無相似之處」(12)。這裏所說的愛，應當理解為溺愛，而學校不會漠視學生的錯誤。找出學生的錯誤，糾正學生的錯誤，正是為了學生將來的正確。其實，學校不是沒有愛，只是學校的愛更為理性，也更為公正。

磨煉自己

現代教育特別強調興趣，主張通過有趣味的東西吸引學生學習，而阿蘭則反其道而行之，強調「人只能通過嚴

屬的方法取得成就，而拒絕嚴屬方法的人永遠不會成才」(3)。他認為，「人需要通過痛苦來培養，他應當獲得真正的快樂，他值得擁有這些快樂。但付出後才會有收穫，這是規律。」(5)「真正的問題是嚐到苦味，快樂來自戰勝苦味之後。我不許諾快樂，我指出的目標是戰勝困難。這才適用於人，而達於此只有靠思想，不是靠品嚐。」(2)

阿蘭堅信，「有興趣的事物從無教益。」(27) 這句話可能有些武斷，但一味強調快樂也很危險。阿蘭的擔心也正基於此，「他們沉湎於輕易得來的快樂，卻失去了通過一些勇敢和關注可以獲得的更高層次的快樂」(5)。因此阿蘭毫不猶豫地宣稱：「教育的全部藝術就在於讓兒童經受困苦，讓他們自己提升到成人的狀態。」(5)

今天，我們的許多家長都怕孩子受苦，其實經歷一定的艱苦對於孩子意志的磨煉是十分必要的，只是要把艱苦的鍛煉置於合理的範圍之內。

學習經典

讓兒童學習什麼呢？請看阿蘭開出的書單：

「去讀拉・封丹吧，或者是弗洛里昂，再去讀高乃依、拉辛、維尼、雨果吧。」(5)

當然，這些都是法國的偉大作家，距離我們的確很遠，但對於法國兒童也不算近。按傳統教育學講，循序漸進是規律，兒童應當從簡單的字母或文字學起。但阿蘭

堅決主張「通過偉大作家進行學習，此外別無他途」(5)。他甚至反對讀名著的簡寫本，「總是需要回到偉大作品，絕不要刪減成摘要，摘要的功能僅僅是把我們帶入著作本身。我還要說，我們應當讀無註解的著作。註解，是虛華的平庸。人文主義將抖落這些蟊賊。」(45)

毫無疑問，學習經典文獻對兒童來說確實困難，然而困難可以鍛煉兒童的意志，兒童不僅可以直接領會經典作品的真諦，還可以避免受到當代文學作品中浮華與喧囂的浸染。

學會學習

關於學習方法，阿蘭特別倡導閱讀。他說，「所有課歸根到底是閱讀，人們讀歷史，讀地理，讀保健，讀道德。如果人們從讀這些書中掌握閱讀的藝術，我就認為已經足夠了。」(42) 但他主張的閱讀，不是一字一句地簡單閱讀，而是從整體上快速閱讀。「學會閱讀，不是僅僅認識字母，把字母連起來發音，而是快進，一眼就能看到完整的句子，就能認識詞彙的帆纜，就像水兵認識自己的船艦。」(39)

他也主張創新，但創新不能憑空而起。「創新，只有一個方法，就是模仿。思想的好方法，也只有一種，就是繼續先前的思想並予以驗證。」(54)「學習的藝術因此可以歸結為長時間的模仿和長時間的複製，正如最初級的音樂

家和最初級的畫家所做的那樣。」(54)

做中學，是現代教育的突出特點，阿蘭對此也特別贊同。「對於世界上任何學生，不是他所聽，不是他所見，而只有他所做。」(6) 他告誡人們，「不能只看繪畫極好的教授作畫來學習繪畫，也不能只聽演奏家彈鋼琴來學鋼琴。……不是只聽一個能演講、會思想的人講話就能學會寫作，學會思想。正如人們所說，需要嘗試，需要做，反覆做，直至進入職業之中。」(37)

書法在法語文化中也許不那麼重要，但阿蘭非常重視書寫。他指出，「書寫也是一種操練，可以從中看到形式與蹤跡，這是文化的標記，首先也是文化的條件。」(55)其實，書寫或書法既是文化的體現，也是人的品格的體現。通過書法訓練，可以培養人的優良品質。今天電腦的普及使人們越來越少地動筆，書寫變得生疏起來。如果我們有意識地多動動筆，將會改善我們的學習，提高我們做人的品質。

學為人師

作為教師，他們首先需要學習。阿蘭所期待的教師，不僅僅是早些時間學習的人。他這樣申明：「我想要的是自己能夠學習的教師，是從源頭學習的教師。」他作為中學教師，始終以學習和研究為己任，不斷地著書立說，培養無數學生，其中不乏名人大家。

教學要講究藝術，「教師應當學會教學，不要企圖教授自己全部所知道的東西，而是應出其不意地指明一些細節，因為這是引人注意的時機」(33)，「如果教育的藝術不是以激發人的才智為目的，就只能付之一笑，因為人的天賦往往因最初的召喚而迸發，繼而披荊斬棘。然而，那些處處受限、經常出錯的人，那些失去勇氣、失去希望的人，正是需要幫助的人」(20)。「教育的全部藝術在於，絕不要把兒童推向頑固之點。什麼意思？考慮一下他能夠越過的障礙，首先不要點明他的全部錯誤。也許應當稱讚他的優點，忽略其他，什麼也不說。」(32) 阿蘭特別提醒教師，不要嘮嘮叨叨，「當教師閉嘴，當兒童閱讀，一切皆好」(25)。

教師當然有愛，儘管有皮格馬利翁之說，但教師的愛還是均衡一些，所以阿蘭說，「我們則是另外一種人，我們接受父親和母親的委託，需要關愛五十餘個如同我們親生的孩子。」(7)「學校與家庭形成對比，這一對比同樣把兒童從天然的沉睡中，從將兒童封閉的家庭本能中喚醒。在這裏，年齡平等，極少血緣聯繫，多餘的東西都被抹平。雙胞胎、同齡的堂表兄弟，在這裏便分開，隨即根據另外的劃分組合。也許兒童可以從這個圈子裏的愛和無愛心的教師中解脫出來。」(7)

教師要保持一定威嚴。阿蘭說，「在我看來，教師應有足夠的冷漠，這樣才能做到自己想要做的事情。」(9)「我

看到一個大喊大叫的孩子被拖進學校，當學校大門剛剛關上，他便不嚷了，他被學校的力量轉變成小學生。這是一種冷漠，迅速有力地形成一種氣候，它使教師成為一種職業。」(9)

教育批判

阿蘭對於當時的教育學家、心理學家及教育管理者似乎都不滿意，他特別討厭這些人對學校教育的干涉。他十分鄙視地說，「這些多嘴多舌的教育學家，以使已經艱辛的職業變得不可實施而告終，而他們卻毫不知曉。」(35)「而另外的一些思想，乍一看光彩照人，但細究起來，便是虛弱而空洞。我認識一些具有這類思想的教育學家，教師們都不知道如何擺脫他們。」(54)

阿蘭生活的年代剛好與法國第三共和國時期基本吻合，這個時期資本主義制度得以穩定，國家對教育的控制逐步加強。阿蘭擔任教師之時，也是法國義務教育剛剛興起之時，阿蘭支持國民教育，但反對國家對教育的嚴格控制。他指出，「初等教育的課程超出了可笑的地步。小學成了縮減版的大學，唯一的教師首先被要求無所不知，要在半小時的課上全部講完，要像講座者那樣把講課內容準備在幾頁紙上。」(42) 他還不無諷刺地描繪督學在課堂上的表演 (66)，反襯出教學自主的重要性。

總之，阿蘭的教育思想極其豐富，要想全面領略其精彩，用阿蘭的語氣說，那就去讀阿蘭的《教育漫談》吧。

目 錄

1 / 人因懂得尊重而偉大，而非因幼小 [1]

人們在做眾所周知的字母遊戲，就是把零散的字母湊成單詞。這種組合遊戲會激發強大的注意力，三四個字母的小問題，極其容易，卻會在相當疲勞的工作中注入一種精氣神。這也是學習專業詞彙和正字法的極好機會。因此我說，抓住兒童的注意力很容易，就是在他的遊戲和你們的科學之間架設一座橋樑。讓兒童在不經意間全神貫注地投入工作，之後形成這樣的習慣，學習便在他的生活中變成一種休憩和娛樂。關於學習的記憶不再像多數人感受到的那樣痛苦。我是在追隨蒙田 [2] 的美好理想，但黑格爾 [3] 的影子說得更為強烈。

這個影子說，兒童正如你們相信的那樣並不喜歡愉悅。在兒童的現實生活中，兒童完全就是兒童，高興於兒童的狀態，但這是你們的想法，不等於兒童所想。通過思考，他拒絕兒童的狀態，他要成為人。於是，他比你們更理智，更少些兒童狀態，不像你們那樣看待兒童。因為對

1　原著中只有各章序號而無標題，為方便閱讀，譯者根據內容增加了標題。文中註釋亦為譯者所加。

2　米歇爾・德・蒙田（Michel de Montaigne，1533 年 2 月 28 日—1592 年 9 月 13 日），法國在北方文藝復興時期最有標誌性的哲學家。

3　格奧爾格・威廉・弗里德里希・黑格爾（Georg Wilhelm Friedrich Hegel，1770 年 8 月 27 日—1831 年 11 月 14 日），19 世紀德國唯心論哲學家。

於竭盡全力走向成人的兒童來說，成人的狀態是美好的。睡眠是動物的一種快樂，但總是有些灰暗，滑落在那裏，沉墜在那裏，而不能回返。這很好，也許這就是植物與動物的快樂。這也是在不得進步，不能超越自身的狀態中的快樂。然而，晃動搖籃不是教育。

這個大影子說，恰恰相反，我想在遊戲與學習之間挖掘一條鴻溝。什麼？通過字母遊戲來學習閱讀和書寫？通過數榛子，通過猴子的行為來學習計數？我更擔心的是，這些大機密並不夠困難，也不夠莊重。愚人總是快樂，他貪吃，他傻笑，他會吞噬掉你們的好主意。我擔心這種喬裝成人的野人。在玩耍時，有一些圖畫；有幾個音符，突然莫名其妙地休止。一個關於鐳的講座或關於電報、X 光的講座；骨骼的透視影像；逸聞趣事。一段舞蹈、一些政治、一些宗教。有些人不懂這些詞。愚人會說，「我知道，我懂。」其實，不可知曉的事對他來說更是煩惱。可能他會出去。但在字母遊戲中，他會坐下並關注，以其嚴肅的方式高興着。

影子說，當兒童看到這是學習的時刻，當人們仍然讓他高興時，我更喜歡兒童身上成人般的羞愧。我願意兒童感到自己還是很無知，還差得遠，還是很低下的小孩。我願意兒童按照人類的次序自助，形成尊重的品質。因為人由於懂得尊重而偉大，而非由於幼小。通過極大的謙遜，他可以構建偉大的雄心，偉大的處世能力。他能自律，他

能擔當，他總是自強不息。艱苦地學習容易的事情之後，依照動物的本性，他跳躍，他吶喊。影子說，通過對抗與否定，才有進步。

2 / 快樂在戰勝痛苦之後

我該對幾個教育學方面的調查做出回答，不過是捉弄般地給教育系統狠狠地踢一腳。我遺憾地冒犯了那些非常善良和極其理性的人們。不過是什麼呢？教育學家像是乖孩子，他們不知道衝動的力量。人是動物，上層人比其他人更是動物，我在他們那裏發現一種力量，一種自律的力量，但永遠是力量。這使我想到，動物在思想，這是任何動物都不可避免的情況。相反，偉大的典範也讓我們看到動物與人之間的巨大差距。我知道人們如何訓練犬類，越是完美的訓練越能造就良犬。我越是能管控牠們，牠們就越是良犬。

馴服小孩也不是問題，只要為他們好。然而，我們應引導他們自覺地學習，不能強迫他們的意願。因為意願之外沒有其他人類價值可言。我無意使人習慣於突然而至的聲音，像訓練看門狗那樣。簡單地說，教育中的所有習慣訓練在我看來都是非人性的。換句話說，引人入勝的經驗在我看來都是對於精神的致命摧殘。我們有數以千計的案例：野人注意的是狩獵和捕撈、時間和季節的變化、季節的徵候；在我們看來則是迷信與幼稚。這是習慣在控制他們。他們善於射箭、跟蹤，同時也相信魔法，相信一句咒語便可致命。他們看到現實，擔心遭到報應。因此我明白

動物因懼怕鞭子而躲避，人剛舉鞭，動物已叫。牠相信形成習慣的動物活動。牠確信，只要見到鞭子，就會疼痛。野人同樣單純，並以同樣的方式被控制。他相信，巫師的一瞥便可以毀壞一天的狩獵。因為他相信，他見證過，他所缺少的，野獸也缺少。這類圈套，數以千計，便是對野蠻與狂暴的異常狀態的解釋。這種野蠻與狂暴在我們身上十分罕見，但兒童卻完全沒有脫離，因為他生來全裸，在他的皮囊裏盛裝着全部激情。

急迫地從鄰近的野蠻中提取人性的無限危險，要求人們直奔人文目標。兒童應當認識受其控制的能力，首先是毫不相信它，其次是感受到對其自身的工作困難又美好。我不是說所有容易的事都不好，我只是說人們輕信容易的事不好。比如，輕鬆的注意根本不是注意，或者就像狗在盯着糖。我不喜歡糖的痕跡，但關於苦味杯邊帶蜜的老故事令我感到可笑。當然，這也不必，真正的問題是嚐到苦味，快樂是在戰勝苦味之後。我不許諾快樂，我指出的目標是戰勝困難。這才適用於人，而達於此只有去思想，而不是靠品嚐。

逐步加大困難和衡量努力程度也是一門藝術，因為賦予兒童認識其能力的高境界思想，並通過勝利來支持兒童是一件大事。但認識來之不易且無外人幫助的勝利並非不重要。缺少其自身感興趣的事物，便無必要去讓他感興趣，就是說不能強迫他對什麼東西感興趣。說好聽點，這

就是我為什麼瞧不起容易引起注意的方法。兒童不僅應當能夠戰勝煩惱和抽象，還應當知道自己的能力。必須強調這一點，這只是精神文化的實踐，這是我們進行智力鍛煉不能忘記的原則。因此應當嘗試這種艱難的方法，你們將會看到一種美好的志向，一種犬類不具備的精神志向。

3 / 拒絕嚴厲方法的人永遠不會成才

出生與成長在資產階級家庭的兒童模仿談話與禮儀，如讓座、送客、敬禮，不會有任何困難。幾乎沒有什麼東西在教，差不多只有人在做。表演雜技的兒童在地毯上嘗試倒立或空翻，無論觀眾在情景中想什麼，重力都在嚴厲地糾正着偏差。也不論家長是否參與其中，兒童的每次失誤彷彿都受到打擊。這兩種方法造就了兩種人、兩種尊重、兩種光榮。一個演奏高手的兒子可以裝模作樣地演奏，可以獲得掌聲，受到歡迎，受到王公的讚許，但他卻不能如此演奏提琴或鋼琴。正是需要經常施壓，許多藝人的才能通過戒尺的敲打達到精準。從人文價值的結果考慮，我們知道他缺少溫柔教育的某些東西。蒙田在樂器的聲音中覺醒，但這不是培養音樂家的方法。人只能通過嚴厲的方法取得成就，而拒絕嚴厲方法的人永遠不會成才。

這並不是說我就贊成棍棒懲罰。皮耶爾·昂[1]在其書中為我們講述了他的從業故事。作為一個小麵包匠，由於一個可原諒或不可原諒的毛病，他都會被鏟刀打在頭上，疼痛不已。不知道是不是可以說，如果動作迅速與精準會戰

---

1 皮耶爾·昂 (Pierre Hamp) 為法國作家亨利·布里雍 (Henri Bourrillon) 的筆名，其生卒年月日分別為 1876 年 4 月 23 日和 1962 年 11 月 19 日。

勝或落敗於這一制度，但許多人知道，那些人就像驍勇的馬一樣，拼力超過鄰馬，最後達到終點時不過快了半米。也許拳擊手在防禦時第一次出手很快且有力，但第二次就可能被打得鼻青臉腫。不能下結論說他甘心失敗並以為更好，因為學拳擊者樂於被強擊，其失誤被強力所懲罰，而不是被輿論懲罰。強力的方法當然有些過度。洛克[2]在其教育學論文中告誡，要痛打小小說謊者。這裏少點什麼嗎？缺少的是說謊兒童自己應當要求懲罰。這便是要點。兒童需要自己尋找困難，並拒絕幫助或照顧。不僅是說謊的兒童要這樣，平常的孩子也應這樣。

兒童身上有的，根本不是對玩具的熱愛，因為每一分鐘他都在脫離玩具之愛，從長裙到短褲，[3]所有兒童會忘記自己昨天曾經是兒童。成長不意味着別的什麼，兒童唯一的希望就是不再是兒童。對玩具的愛好不斷讓步於未來願望，因此一個接一個的玩具並非無遺憾和無煩惱。兒童要求幫助，他極力想從玩具中脫離出來，他自己不能擺脫玩具，但想成為真正的自己。這是一個開端，是其意志的萌芽。這就是為什麼說「保留着棍棒打擊的記憶」，因為它值得保留。我們不要擔心他被打得不悅，而是應擔心他不

---

2 約翰・洛克 (John Locke，1632 年 8 月 29 日 — 1704 年 10 月 28 日)，英國哲學家。

3 在法國傳統社會，兒童出生後通常穿一種長裙，但男孩在七歲以後要換成短褲，這也是兒童新成長階段的標誌，但女孩繼續穿長裙。

快樂。他喜歡表面的東西,同時也討厭表面的東西。如果你幫助他計算,他會讓給你計算,他會高興,因為他是孩子。但如果你不去幫他,或相反你冷靜地等待他自助,或不客氣地指出他的錯誤,他會把你當作毫無迎合、毫無欺騙的真正的朋友。至於嚴肅性,數字本身自行承擔,毫不留情。他應當成為價值的主人並以此為自豪。

4 / 注意力是一種向上仰望的期待

　　當某個人接着一些人的話說，應當讓孩子高興，應當順其自然，這才是真正的教育方法。但我從心裏很不喜歡這種話，也不喜歡這種奉承的人。當我坐在長椅上，遇到一位充滿情感的教授，他很想引起年輕聽眾的關注。我甚至也說，我們都愛這些年輕人。但我十分清楚地記得，他從未能壓制住混亂秩序，而這種混亂基本是他不慎重的許可所致。年輕人的活力，人羣效應法則，會迅速引起喧囂，這是自然而然的。我從這裏得出一種職業規則：需要引人關注，這我同意，但不必強迫人們關注，特別是不要表現出這種意願。這一規則對於演說者也適用，在所有藝術中表演者都希望人們關注，只是被深深地掩飾而已。表演不就是取悅觀眾的職業嗎？是的，但娛樂與娛樂不同，困難在於給最初不快樂的人最終帶來快樂。

　　說謊者的技巧可以有若干等級，但都包含着一種狡猾。這些說謊者發明一種背向公眾的遊戲，大概通過一些小聰明，製造出提高人們適當注意的不同氣氛，讓觀眾感受一種不可想像的愉悅。如果我認真地聆聽，音樂家的藝術並不是從愉悅開始，而是從強迫開始。首先是在聲音中恭維，這使人很不舒服。同時還有恭維的建築，玫瑰花環的過分渲染。我感覺人是一種既傲慢又難以相處的動物。

被寵慣的孩子，滿足於恭維，喜歡所有現成的東西。他想要什麼，成人想要什麼？他看準的是困難，而不是愉快的事。如果他不能把握這些人的態度，就需要成人來幫助。他探求着其嘴裏說出的另外的快樂，他首先要把自己提升到可以看到另一種快樂場景的地位。他要求人們將其提升，這才是好話。

通過相信自己這一自然活動，兒童完全知道這句好話的意思。就兒童而言，你只對他的昨天感興趣，他變小一點兒，你才會讓他快樂，但不要瞧不起他。在蔑視中有一點非常可怕，這就是瞧不起自己，瞧不起過去的自己。你只是一個表演者，沒有你，兒童的進步才是真正的進步。沒有比表演者更讓人鄙視。兒童自言自語地說，「對於昨天的孩子，我的遊戲已經足夠了。」

這就是為什麼我根本不相信這些作為遊戲之後的興趣課。這只是未曾學過專業的勇敢者的夢想。當然，應當看到其動機，不過這種職業傳授更為粗放與質樸。鐘聲或哨聲標誌着遊戲的結束，並返回至嚴屬的秩序。在教學實踐中，根本不需要那種不知不覺的過渡，而相反是需要完全的變革，完全明顯的變革。把注意力提高一個等級，不再需要像馴狗那樣去尋求精雕細刻的快樂。這種注意力也不貪婪，它是一種艱苦、耐心，是一種向上仰望的期待。而狗的注意並非是注意。

5 / 人需通過痛苦來培養

我不太相信在這些幼兒園裏及其他地方注重樂趣的教育方法的創新。這種方法對於成人已算不得成功，我可以引證經過這種教育的人的案例，他們討厭《帕爾馬修道院》或《幽谷百合》[1]。他們只閱讀品位次等的著作，所有情節都為了第一眼閱讀的快樂。但他們沉湎於輕易得來的快樂，卻失去了通過一些勇敢和關注可以獲得的更高層次的快樂。

沒有任何比發現高層次的快樂更能提高人的素質的先例，而人們總是看不到他首先經歷的痛苦。蒙田的著作難懂，但首先要去了解，去探索，去回顧，然後就會發現。同樣，通過紙板組合學習幾何，可以有一些快樂，但嚴肅的問題會帶來更大的快樂。在最初的課程中，理解鋼琴作品的快樂並不明顯，首先需要經歷厭倦。這就是為什麼你不能讓兒童像吃糖漬水果那樣品嚐科學與藝術。人需通過痛苦來培養，他應當獲得真正的快樂，他值得擁有這些快樂。他應當在獲得之前付出，這是規律。

表演職業因收入高而眾人趨之若鶩，但其深處卻被悄然忽視。圖片裝飾的週刊封面怎麼說？所有藝術和科學在

1　《帕爾馬修道院》（*Chartreuse de Parme*）為法國作家司湯達的小說，《幽谷百合》（*Lys dans la Vallée*）為法國作家巴爾扎克的小說。

那裏看來都是漫不經心。旅行、鐳、飛機、政治、經濟、醫學、生物，都可以在那裏找到，但作者摘除了所有帶刺的東西。這些微薄的快樂令人煩惱，它帶來思想的厭倦，而思想首先是嚴肅的，然後才有快樂回味。我前面提到的兩部小說，鮮有人讀。如此的快樂被忽視，而每個人都可以憑一點勇氣而獲得！我聽說一個被溺愛的孩子，接受一份看木偶劇的贈禮。他母親費力地編造故事，騙取他人讓座，使他像老看客一樣坐在劇場正中位置。在這種溺愛裏，意圖膨脹成一隻肥鵝。我更願意帶着貧瘠的思想，去探索獵奇。

特別是對於那麼質樸純真，那麼生機勃勃，那麼充滿好奇的兒童來說，我不想只給他們剝開的核桃。相反，教育的全部藝術就在於讓兒童經受痛苦，讓他們自己提升到成人的狀態。這裏的雄心並未缺失，雄心是兒童精神的動力。童年是一個感覺不能停留的矛盾階段，成長迫切地加速這一向前超越的運動，之後成長會特別緩慢。成人會感覺到自己比兒童更少理性，更少嚴肅。也許這裏有兒童的膚淺，有兒童對運動和喧鬧的需求，這便是遊戲。但當從遊戲過渡到工作，也需要兒童感受到成長。兒童將感謝你曾經施加的強力，將鄙視你的撫愛。學徒制是一個很好的制度，會使人感受勞動的嚴峻。只有通過必要的勞動，才能更好地培養性格，而不是精神。如果像教焊接那樣教人去思想，我們只會見到平民的國王。

然而，當我們接近真實思想時，我們常懷一種虔誠之心，並都會處於不懂而先接受的狀態。閱讀即是崇拜，文化（culture）一詞已向我們有所告知。我們需要擁有關於光榮的輿論、榜樣、傳聞。美麗，當然更好。這就是我為什麼遠不相信兒童應當完全懂得他所閱讀與背誦的東西。因此，去讀拉封丹[2]吧，或者是弗洛里昂[3]，再去讀高乃依[4]、拉辛[5]、維尼[6]、雨果[7]吧。

這對兒童來說太難了吧？當然，我就希望這樣。他們像聽音樂那樣，首先聽到一種和弦，感受到美好事物，這便是第一沉思。播下真正的種子，而不是沙粒。他們看

---

2 讓‧德‧拉‧封丹 (Jean de La Fontaine，1621 年 7 月 8 日—1695 年 4 月 13 日)，法國詩人，以《拉封丹寓言》留名後世。

3 讓－比埃爾‧克拉里斯‧德‧弗洛里昂 (Jean–Pierre Claris de Florian，1755—1794 年)，伏爾泰的姪孫，法國寓言詩人，著名作品包括《愛的歡樂》(plaisir d'amour)。

4 皮埃爾‧高乃依 (Pierre Corneille，1606 年 6 月 6 日—1684 年 10 月 1 日)，法國古典主義悲劇的代表作家，主要作品有《熙德》、《西拿》、《波利耶克特》和《賀拉斯》等。

5 讓‧拉辛 (Jean Racine，1639 年 12 月 22 日—1699 年 4 月 21 日)，法國劇作家，主要作品有《費德爾》(Phèdre，1677)、《阿達莉》(Athalie，1691)。

6 阿爾弗雷德‧德‧維尼 (Alfred Victor, Comte de Vigny，1797 年 3 月 27 日—1863 年 9 月 17 日)，法國詩人、劇作家和小說家，主要作品有歷史小說《桑－馬爾斯》(Cinq-Mars)（1826 出版）、中篇小說集《軍人的榮譽與屈辱》(Servitude et grandeur militaire)（1835 出版）、劇本《夏特東》(Chatterton)（1835 出版）等。

7 維克多‧馬里‧雨果 (Victor Marie Hugo，1802 年 2 月 26 日—1885 年 5 月 22 日)，法國浪漫主義作家，主要作品有《巴黎聖母院》(Notre-Dame de Paris)、《九三年》(Quatrevingt-treize) 和《悲慘世界》(Les Misérables)。

達·芬奇[8]、米開朗琪羅[9]、拉斐爾[10]的畫作,他們在搖籃裏聽貝多芬的樂曲。

如何學習語言?通過偉大作家學習,別無他途。學習最精練的、最富內涵的、最深刻的語句,而不是會話手冊中的無聊之語。先學習,然後打開盛滿三重神祕珠寶的所有寶庫。我看不到無仰慕、無崇敬之心的兒童能夠提升自己。當預感到豐富的人類文明,理性無限發展,通過雄壯之力可以超越兒童時期的無仰慕、無崇敬之心。當兒童形成一種強大的陽剛之氣,他便有希望超越自己。這才是無限美好的年齡。

8 列奧納多·迪·皮耶羅·達·芬奇 (Leonardo di ser Piero da Vinci,1452 年 4 月 15 日—1519 年 5 月 2 日),意大利學者、藝術家。

9 米開朗琪羅·博那羅蒂 (Michelangelo di Lodovico Buonarroti Simoni,1475—1564 年),意大利文藝復興時期偉大的繪畫家、雕塑家、建築師和詩人。

10 拉斐爾·桑西 (Raffaello Santi,1483—1520 年),意大利著名畫家。

6 / 我就是喜歡學校光禿禿的牆壁

我們的試驗中有兩個錯誤的判斷。我們首先想到事情非常簡單，但在第一次試驗之後，發現其不可能。那些玩轉空竹（一種被忘記的玩具）的人，曾經想到這是一個可笑的、沒有任何希望的玩物。那麼小提琴、鋼琴、拉丁語、英語意味着什麼呢？

那些技藝高超者的表演先是增強了我們的勇氣，但隨之而來一個相對的失敗則把這一勇氣摧毀。這就是為什麼好奇心、第一衝動、起初的熱情在師傅眼裏沒有太大的價值，他知道這些儲備很快會被消費殆盡。他甚至期待失望與笨拙成為最初志向的理由，因為所有開始的事物，無論好與壞，都應消失，都應被忘記，然後工作才開始。這就是為什麼說，如果沒有師傅指導工作，具有正當目的的試驗便是工作應當開始之時。

工作要求驚異感，而這一點人們從未能足夠認識。它不容許把精神作為遙遠的目標，但它要求人們全神貫注。割草人的目光不在田野的盡頭。

學校是一個令人讚美的地方。我很高興外面的噪音一點也進不了學校，我就是喜歡學校光禿禿的牆壁。我不贊成牆上掛些供人觀賞的即使是美麗的東西，因為應當把注意力放在工作上。無論兒童閱讀，或書寫，或計算，這

些單調的活動對於兒童來說都是一個小小的世界，這些已經足夠了。圍繞所有這些煩惱，這些無底的空洞，都可以是值得稱道的課程。因為帶給你這個小男孩的僅僅有一件事，就是你的所作所為。無論你做得好還是壞，馬上就會知道。但你還要做你所做。

這種修道院式的簡樸從未被其真正的原因所接受，儘管實際上我們還是幸運地從中看到一些簡樸的蹤影。「哎，孤獨！哎，貧窮！」所有抱怨的人都是詩人。我聽說一個特別有天分的孩子的故事。他的鋼琴教師用較長時間給他講個人經歷、學校和人情世故。之後他可能湊湊合合地講到貝多芬，但卻根本沒有彈奏其作品。湊湊合合地講並不難，難的是彈奏。最終，這個孩子沒有絲毫的進步。對於世界上任何學生，不是他所聽，不是他所見，而只有他所做才是最重要的。

然而，這一如此縮短對世界觀察距離的嚴厲方法，僅僅是入門。因為，人們收集所有信息，卻永遠毫無所知。人們學習政務，就是傳遞命令，複製公函，如此而已。我還是說，做好工作的意願首先會衰退。所有職業都要有所擔當，小學生的職業與其他職業並無二致。意願過於遙遠，會損害當前的行為，並與後續的行為相混淆。彈鋼琴者的失望與雄心總是不相上下。兩者帶入其工作，託付其一切，全部偉大由此開始。

我想在此解釋一下，耐心便是由見證所構成，考驗

的全部意義也正是在於此。而急躁一詞總是意味着一無所獲，無所進取，困難重重。這種耐心的精神之塔不可鄙視，我在那裏看到嚴肅、克己、完美的高貴思想。但這是早熟的道德，應當克服這種傲慢的腼腆。雄心總是存在於有此傾向的行動之中，如同掌控時間一樣，通過謙遜的自我控制，精神便會處於無人察覺的解脫狀態。這種意志的藝術不再喪失，但我看不到人們會在學校之外獲得這一藝術。正如柏拉圖[1]所言，這種藝術對於遲受教育者永遠不能獲得。

1　柏拉圖（Plato，約前 427 — 前 347 年），古希臘偉大的哲學家。

7 / 在學校，錯誤還會變成一種儀式，絲毫不傷於心

　　教育家說，「學校是什麼？是否就是一個要取代母親的更大家庭，去那裏沒有大的希望，或僅僅是靠近它？年輕人的師範教育需要兩個條件。第一，像母親那樣樂於教育其子女。第二，她要有這種能力。而我們則是另外一種人，我們接受父親和母親的委託，需要關愛五十餘個如同我們親生的孩子。在這個機構裏，有一些非自然的、抽象的、非有機的因素。這些因素也許可以因更好的經濟學和更好的社會學效果而消失。」

　　於是，他試圖將新思想與舊思想縫綴在一起。然而，老社會學家直搖頭，搖得眼鏡片閃閃反光。他說，「我們的觀察，不等於構思。我不相信我們的學校裏有那麼多的非自然的和非有機的因素。我也不喜歡人們去追求相互類似的機構。我更樂於想像學校是一個自然的事物，不比家庭缺少自然特點，又與家庭有極大不同，它將不斷地完善自身。沿着同樣的思路，我聽懂了您的話，但學校這個人文場所在我看來是另行重組和編排的。在幾個相互合作的鄰里家庭中，孩子依年齡劃分羣組，各自有自己的遊戲。這種不同家庭中小孩子與大孩子的劃分，是一種權利與義務的自然分配，也是一個不可替代的美好事物。這裏是情感的學校，忠誠、信任、崇敬參與其中，男孩模仿父親，

女孩模仿母親，每個人都是保護者，同時又受到保護，既尊重他人又被他人尊重。但為什麼要模仿的人不可模仿？同一年齡的孩子聚在一起，他們學習相同的事物，同時也是一個自然的社會。但不是同一類型的社會，而完全是另一種社會，是另一種結構，而不是我的創造。為什麼你要去上比有兩隻手、有樂感的耳朵、有立體感與色感的眼睛的地方更缺少自然性的學校？」

　　教育學家放棄其共同點，想着主意，因為這樣制定目標對於他來說是輕車熟路，也可以說這種事許多年來都在他的眼皮底下和手心之中。但頭腦敏捷的社會學家，其談話中的整體精神顯現出差異。他再一次搖頭，斜視着說，「學校與家庭形成對比，這一對比同樣把兒童從天然的沉睡中，從將兒童封閉的家庭本能中喚醒。在這裏，年齡平等，極少血緣聯繫，多餘的東西都被抹平。雙胞胎、同齡的堂表兄弟，在這裏便分開，隨即根據另外的劃分方式組合。也許兒童可以從這個圈子裏的愛和無愛心的教師中解脫出來。因為教師就應當無愛心，對，在這裏愛心已被忽略不計。教師應當在那裏，教師就在那裏，他像是真理與正義，只不過依年齡而增長。在這裏，生存的幸福被抹去，一切都是來自外面，一切都是陌生。人與人之間顯明的是規範的語言，歌聲般的語調和無休止的練習。甚至錯誤還會變成一種儀式，絲毫不傷於心。一些冷漠在這裏顯現，智慧露出斜視的目光和不可克服的耐力。眼睛在衡量

與計算，而不是希望與擔憂。時間呈現出維度與價值。勞動展示其冰冷面孔，對苦痛毫無知覺，甚至對快樂也渾然不知。」

8 / 家庭不善教育，甚至也不善養育

　　家庭不善教育，甚至也不善養育。家庭中的血緣羣體發展了不可模仿的情感，但難以掌控。人們自豪於家庭，但每個人都在壓抑其心情。這使人感到有些殘忍。完全的信任，沒有任何自由。當家庭像植物一樣生長，缺少朋友、合作者和宗教冷漠者的良好氛圍，便會產生一種毫無平等的狂熱崇拜。這是一種仰慕的激情與共同的責難。人們不允許任何分歧，因為他們過於期望一致。這一純粹生物學存在的最顯著特徵就是年齡差異，年齡體現出無處不在的等級。人們對兄弟間的爭執感到驚異，但需要想到的總是有長兄與小弟，家庭共同體中沒有平等。共同體稍微開放，反抗思想便會滋生，家庭的本能要對其懲罰。這會造成悲劇，這已經在七歲的孩子身上發生。應當認可對父母稍有不敬的想法，應當認可這樣很好，而且只能這樣。

　　在我看來，信教者羣體表現出相反傾向，但卻是抽象的反對，即簡單的否定。儘管關於家庭關係成為靈魂拯救的障礙的思想未能發展，但已是頑固的思想。需要懂得天主教精神是一種思想自由的精神，並且依然是，將來也永遠是。個人靈魂拯救的信條在生物學機構面前永遠是醜惡。相反，食用乳糜的權利，對含營養果肉的要求，在宗教精神面前永遠是醜惡。這樣的劃分源自哪裏？在《波力

厄科特》[1]的慶典之中。

　　對立面相互模仿實屬必然。樸素的教堂便是一個精神的家庭，並在重建家庭。在神祕主義者的盛宴中，人們會發現反對與模仿同時出現在家庭的餐桌上。在那裏，有尊敬與信仰的義務，有在童年不可克服的困難。對這些社會組織，應當在生理學方面加以研究，因為無論如何我們帶有生物學特徵，生物學規律總是掌控着我們。有多少人是以父親的形象為教條的孩子，而這些父親在其祖先面前又是孩子。上帝的隱喻像生命運動那樣正確，而這些生命運動遠遠超越我們貧瘠的思想，不時地發出預言，並總是控制我們的思想。

　　如果人們現在去尋找家庭與教堂的中間項，會找到學校。那些對學校毫無所知的人，對其思想也全然不知。這便是另外的社會組織，對於自然主義者是一個美好目標，但人們極少看到。這個社會組織由遊戲構成，同齡人在其中相互結交。兒童們不論陌生與否，自然而然地聚在一起，形成一個遊戲共同體，一個交流的社會，而不是家庭社會。但它完全不同於真正的工業社會，它也許沒有一點真實的情感，它在一定時間內脫離了慾望和必要需求。如何正確分析這一另類的社會？思想的步驟在那裏毫無悲劇的色彩，遊戲本身自然會導致遊戲的思想，選擇與限制

1　《波力厄科特》(*Polyeucte*)，法國作家高乃依創作的悲劇。

其問題，否認其結果。相當清楚的是，兒童犯了計算的錯誤，並不因此遭受損害。發現錯誤，塗抹寫字石板即可，錯誤便一抹了之。在這裏，人們會意識到一種粗心。粗心本身當然不好，但卻有第一價值，正如體操運動員有能力跌倒而不傷亡。新鮮之處在於，人們剛好看到這個社會組織的結果，所有思想都是自由的，並在短短的時間內可以判斷自己。

9 / 學校顯示出公正，它不必去愛，也不求原諒

　　每個人都知道，家長實施了充足的教育，並願意其子女也參與其中。我看到一個好父親，也是一個優秀的小提琴家，卻經常對孩子發無名火，最後不得已將其兒子交給幾個少些熱情的教師。愛而無耐心，也許他希望過高，也許一個最小的疏忽在他看來都是恥辱。當他對比教師關係時，如果教師得到對錯誤的解釋並請求原諒，這種恥辱的感受會比其自己教學時更為嚴厲。人們如此嚴厲地對待自己，我並不感到驚奇。人們看自己，不總是感到陌生嗎？一個人容易原諒別人的過錯，但想起自己的過錯，十年後還會感到臉紅。對於自己兒子的無知感到臉紅，猶如為自己感到羞愧，他會失控，事情會越來越糟。

　　亞里士多德[1]說過，情感轉瞬變成專制。需要看到兩個側面。當父親看到年輕人的淺薄，會想像他的兒子對此毫不喜歡。但孩子自己還不大理解其父親強加於自己的東西。他嘗試感受各種跡象，但在這裏並無成功，轉而失望。反抗意識和衝動危機深深地困擾着家庭，而學校可以隨即化解。我看到一個大喊大叫的孩子被拖進學校，當學

<hr>

1　亞里士多德（Aristote，前384 — 前322年），古希臘人，偉大的哲學家、科學家和教育家。

校大門剛剛關上，他便不嚷了。他被學校的力量轉變成小學生。這是一種冷漠，迅速有力地形成一種氣候，它使教師成為一種職業。

感情是寶貴的東西。沒有付出，就不能期待獲得。暴君想當然地認為，威廉·退爾會因其兒子而顫抖[2]。然而，弓箭手這樣解釋：不要過分關注射箭目標。在我看來，教師應有足夠的冷漠，這樣他想要的事情，才能做成。父親可以對兒子說，「做這件事使我高興」，但條件是不要盯住，不要查看，不要教誨。因為陌生事物、過於明顯的良好意願、熱情、活力等，所有類似於衝動的事情都與智力練習毫不相關。一個事物讓你激動時，無論何種理由，你都不能由思想主控。首先需要運用感覺來表達。

另一方面，教師絕對不可以說，「做這些事或那些事使我高興」。這不僅侵犯了家長的權利，兒童也會感到極其羞恥，就像經歷了一種不公正束縛的情感體驗。這種情感傷害了那些無權選擇的人。來自家長的感受，所有人都像父親的感受那樣，會是怪怪的。社會的每一種關係都有其特性，對待父親有對待父親的做法，對待教師有對待教

2　威廉·退爾 (William Tell; Guillaume Tell)，瑞士民間傳說中的英雄。13世紀，統治瑞士、奧地利的總督肆意壓迫人民，竟於鬧市豎一長竿，竿頂置一帽，勒令行人鞠躬於帽。一日，農民射手退爾經其處，因抗命不鞠躬而被捕。總督命在退爾幼子頭頂置一蘋果，令退爾以箭射之，中，方得免罪。退爾在鎮定中射中蘋果。

師的做法。一些人對此有些顧忌，父親擔心溺愛，教師儘量示愛。我認為，這些顧忌弄糟了一切。每個人都應處於自己的位置，差異產生和諧。情感的力量，如其所求，便是原諒一切。權威則與此相反，它弱化辨識思想、激發情感的意願。如果它假裝出愛，便十分可憎，如果它真愛，也是毫無力量。我看到，那些掌握手藝的人也都知道，當兒童發現通過懶惰與無聊來真正搞壞師父的能力時，就會濫用這種能力。當我知道混亂很快會發生，善心便隨之呈現。學校最終並不是一個大家庭。學校顯示出公正，它不必去愛，也不求原諒，因為它從未傷害過誰。教師的力量在於，當他責備之後，隨即便不再去想，孩子們也都十分明白。因此，教師的懲罰不像父親懲罰自己的兒子那樣，受處分者不會受到傷害。

10 / 優秀的父親，可能不會教育其子女

蘇格拉底[1]注意到，一個非常優秀的父親竟然不知道怎樣教育其子女。我也看到一個教養極好的老祖母，卻從未教好自己孫子的算術和拼寫。這些反常真令人氣憤；其實是因為家長總是相信教師缺乏熱情。他們通過自身的體驗驚奇地發現，問題是熱情不足。而我卻要說，熱情有害。

顯然，教學與其他職業一樣，是一種職業。但我絕不相信方法上的一致。此外，我也看到，那些深諳這一職業的教師，或是在教授小提琴上，或是在教授拉丁語上，也未能成功地教育好自己的子女。這一職業的力量，不是在我們探尋的那一點上，而是在其以下。這就是掙工資的教師，他們按點來，按點走，再去教其他課。這裏有着固定的、外在的程序，兒童是否在場，教師都不在乎。課程呈現出迫不得已的面孔，這就是課程所帶來的東西。如果兒童有荒廢一點時間的小小願望，就不會順從嚴肅與關注。每個人都十分清楚，一個想成為教師的父親，都不是時間的奴隸，孩子也不想荒廢時間。他不想受制於毫無理由的規則，也不習慣於一下做完全部工作。他有花招。然而，

1　蘇格拉底（Socrate，前 470/469 — 前 399 年），古希臘著名的思想家、哲學家、教育家。

對於所有課程的骨幹，儘管不是最重要的，人們卻不能在必不可少的內容前耍花招。那些諸如「應該」等小詞彙的意思，已經很明白了。

另外的結果是這樣。父親陶醉於效果不錯的課程，並繼續教這門課程。在固定時間上維持注意力，乃是一個更大的錯誤。那些規訓跑步者的人，都知道不能放任那種不知疲倦的狂怒。掙工資的教師也許不夠明智，但幸運的是外部的必然要求提醒着他，他會按照鐘聲起身。在任何時候，沒有比不利用快樂的工作更好的事情了。人們合上書，去做另一種事，然後就會再現閱讀的衝動。漫不經心起始，深思熟慮在後。這更體現在兒童身上。

我們還看到，父親是十分挑剔的，但很快便不耐煩。這裏有很多原因，諸如他期望太大，對孩子過於重視，但孩子畢竟年齡不夠，經驗不足。糟糕的是，他總有一種感受，認為一個最小的錯誤看起來都很嚴重。當孩子在他那個年齡時還顯得輕薄，就會被懷疑不愛父親；稍不嚴肅，在他看來都是可怕的離經叛道。他遵守這些規矩，他懂得被愛，他要求被原諒。這些小小悲劇之後便是和解，並且摻雜着溫情與怨恨，但遠比語法學習更有興趣。真誠與深厚的情感使這個令人生畏的事情變得無所謂，這不是他們自己的勝利。人們希望被愛，但不顯露其值得被愛，所有類似於交易和獎賞的東西都受到極大鄙視。這就是為什麼在所有真實的情感中會有一些矯情，用來檢驗人們的感

受，直到使人感到一種不受懲罰的不愉快。當然，無論是對於父親還是孩子兩方面，拼寫方法在情感之前都無關緊要，這個美好思想會很快把語法、歷史和算術湮沒。

11 / 不要急於評價人的特性

　　我的奶弟是一個沉默寡言、機敏的孩子，我也知道他是一個熱情的人。我總是喜歡他跟隨着我，我們在一起做小船、製火藥、養蠶。我完全記不得跟他有什麼不當的地方，在我們的玩具中，也不區分他的和我的。他本來像平常的孩子那樣漫不經心，不管不顧，毛毛愣愣，但當他和我都在我父母的掌控之下，就跟我一模一樣，在權力面前表現得聽話，禮貌得體。

　　當我們在他家裏，在另外的權力統治下，情況便有所變化，有的是可怕的暴力與懲罰。我記得，他父親一個接一個地把二十多個鉛製兵偶砸爛，以教訓孩子須向祖母問好，但他什麼話都不說。我在這個私人戰爭外面，面對這些兵偶的場景，極其震驚。但只有當我們這些小孩自己在一起時，不好的心情一掃而光，又重新開始我們的遊戲。而當祖母、祖父或父親的權力再現時，哪怕是表面平和——我應當說——都難以接受。調皮的孩子隨即反擊，根據戰爭的規則公開地防衛。他們往窗戶上扔石子並還以辱罵，但他從未對我說那樣的話。最後，家長們重新買一塊玻璃，但卻讓孩子帶着紙糊的驢耳帽，讓過往的行人看，或在他的脖子上掛一個牌子，上面寫道：說謊者、壞孩子、沒心沒肺的人，等等。

這場戰爭如何開始，當時我並不知道，但我現在理解是因其自身的衝動而持續。父親幻想用一種方法管教其兒子，認為不能用軟弱的方式制服他。兒子則想保持一種不屈的光榮，用父輩的話評價就是：說謊與粗暴。然而，惡作劇終於被遺忘，調皮的孩子變成與其他人相似的人。

自此以後，我經常發現人的本性，無論是孩子還是大人，都很容易被他人的評價所造就，正像戲劇中的接話那樣。也許還有更深刻的理由，這就是一個人有對認為他就是說謊者的人說謊的權利，有毆打認為他就是野蠻人的人的權利，等等。相反的例證比比皆是，人們幾乎不會打一個雙手插在衣兜裏的人，人們也不願意欺騙相信他的人。我從中體會到，不要急於評價人的特性，比如總是說某人愚蠢，某人懶惰。如果你發現一個逃犯，要給他救贖的權利。在所有罪惡的深處，也許還有一些我們認為的誤判。在人類關係中，判決需要證據，證據又強化判決，這些關係把我們引向更遠之處。我試圖絕不做過高的判斷，也不做過低的評價，因為觀察與態度會充分地表現。我經常等待着惡之後的善，因為善惡的交替經常源於同一因果關係。因此，大體上我並沒有搞錯，不是所有的人都是富翁。

於是我堅定地相信，每個人的生與死都在於其本性，鱷魚就是鱷魚，這幾乎不會改變。但這一本性屬於生命的序列，完全在我們的判斷之下。這種本性如同生命的狀態，既無所謂善，也無所謂惡，既無所謂美德，也無所謂

邪惡，不過是一種不可模仿的、單一的性格，或是真誠，或是狡猾，或是嚴厲，或是寬厚，或是吝嗇，或是慷慨。你們會發現，在一次遇到的勇敢者和另一次遇到的懦弱者之間並沒有太大差別，或者說在兩個英雄或兩個懦夫之間也沒有太大差別。

12 / 學校不考慮情感

　　社會學家研究野蠻人的習俗時，備感驚訝。他們也研究兒童的習慣嗎？對兒童的認識還相當貧乏。每個人都想根據在家中的觀察，以自己的偏見來評價兒童。社會學家應當避免這種錯誤的方法。兒童並不是只在與同伴的關係之中，他還在長兄和青年人之間，並被身軀中體現的不可遏止的情感所驅動。只是在學校中，他才找到其同伴，獲得其平等。在學校，他成為另外的人，時好時壞，總有不同。幾乎所有教師對此都有所忽視，他們依賴於感受，而感受總是十分微弱。人們根本不是發號施令的父親。一個單獨的孩子在陌生人面前通常表現得有禮貌，但當你把眾多同齡孩子召集在一起，由於模仿與感染，便會在這一輩人中產生一個強大的氣場。如果你相信這個集體只是個體的簡單集合，他們的反應、想法、情感也不過如此，你將會一錯再錯。你會看到不停的吵罵，各種各樣的面孔。

　　這一兒童輩體能夠去愛，去尊重，但首先不是憑思想，而是靠每個人的能力去愛，去尊重。這種集體感受如此強烈地被銘記，乃至在他們孤單時仍會有所存留。只是這一輩體首先要守秩序，要安靜與專心。安靜也像狂笑那樣具有感染力。如果這個兒童輩體沒有一個好的開端，就會喪失一切，經常無藥可醫。狂笑甚至會有損於最聰明和

最安靜的人，使他們感到像大海中盲目航行的船隻。禮貌這一家庭習慣，在此不再有位置。兒童便處於野蠻狀態，沒有希望成為一個值得尊重的、忠誠的、熱情的人。

在這種困難形勢下，能夠啟迪教師的首要思想是：在混亂無序之中不要有任何惡言惡語，甚至不要有這樣的想法。這是由數量導致的物理效果。這種想法之後，可能導致寬容，也可能導致嚴厲。因為這些想法根本與思想無關，也與評價無關，有的只是阻止的效果。如果教師因此施加一種有形的力量，直接反對混亂，則馬上會獲得勝利。我在那裏聽不到他繼續戰鬥的聲音，但他最終並不是最強者。對於處於騷動年齡的孩子，他具有明顯強大的懲罰力，但這種懲罰如果具有一種自然的力量就足夠了。

當我還是孩子時就發現那些遵守秩序的人 —— 比如他們打掃房間、整理物品 —— 總是擔心那種對任何事都抱有無所謂的態度。毫無例外，那些試圖說服、傾聽、討論、諒解承諾的人卻被鄙視、譏笑，甚至可悲的是被人憎恨。相反，那些毫無熱心的人卻受人愛戴。

父親的情況完全是另一種樣子。一方面，他愛自己的孩子，孩子也知道這種愛。另一方面，孩子在被懲罰之後也有懲罰其父親的可怕方法。然而，孩子仍然還愛父親，特別是孩子在他那個年齡時單獨在父親面前更愛父親。當全家男女老少都聚在一起，家庭也是一種調節器和見證者。值得注意的事情是，父親的權力完全是不可教的，只

能被理解。拼寫錯誤被認為是故意冒犯，而內心真正的激動可以抹去拼寫錯誤。在學校這樣另外的社會，情感不被考慮，既可以原諒一切，也可以毫無原諒。這裏顯示不出絲毫的愛，也不能期待任何的愛。這個社會所建立的秩序與家庭中的秩序毫無相似之處。需要指出的是，人們還很少知道這些特性。怎麼沒有一個社會學家認真考慮這個問題呢？

13 / 學校是自然的事物，孩子羣體在那裏
獲得統一

在吉卜林[1]的書中，大象可以拉長繩，拔木樁，回應夜鶯的叫聲，跟着其他大象跳舞，參加任何人都沒見過的儀式。之後，人的這個忠實朋友又回到牠的木柵欄。一個離開孩子羣的孩子躲在關閉的窗戶後面，聽着其他孩子們的叫聲。孩子與家庭有着牢固的聯繫，他與孩子羣的關係也並非不自然。在某種意義上說，他在孩子羣中比在家中更少陌生，因為他在家中根本體會不到平等，也無同伴。這就是為什麼自從他能夠擺脫束縛時，就跑去遊戲，因為這是兒童羣體的慶典與崇拜。完全幸福地模仿其同伴，在同伴的躍動中看到自己躍動的形象。

孩子在家裏就不是他自己了，而是模仿所有人，他模仿的人與其年齡完全不符。這令人討厭，人們卻了解不多。這時的孩子就像外來人，因為他既體會不到人們對他的感受，也理解不了人們對他的表達。人們對這些壞孩子也許喪失了耐心，只能切斷他們與孩子羣的聯繫。孩子羣既不信宗教又有宗教色彩。在他們的遊戲中，有一定的儀式和祈禱，但沒有任何外部神祇。他們有自己的上帝，

---

1 約瑟夫·魯德亞德·吉卜林（Joseph Rudyard Kipling，1865 年 12 月 30 日—1936 年 1 月 18 日），生於印度孟買，英國作家、詩人。主要著作有兒童故事《叢林奇譚》（*The Jungle Book*，1894 年）。

對自己的儀式十分虔誠，不崇拜任何其他東西，這是最美好的宗教時代。不信教者看到這些會感到醜陋，而要參與其遊戲則更感到羞恥。偽君子不能欺騙有信仰者。信仰之上的性情衝動是不可理解的。我記得一個脾氣急躁的父親要跟我們孩子玩鉛製兵偶，而我清楚地看到他根本不懂遊戲，他自己的兒子表現出不高興，他便把兵偶全部打翻。在我看來，大人絕不要和孩子一起玩，最明智的做法就是保持和藹，對待他們像對待陌生人那樣。當孩子與其同齡夥伴分開時，只有獨自玩才好。

因此，學校是自然的事物，孩子羣體在那裏獲得其統一，同時還有一個學習的儀式，但需要教師保持陌生與疏遠。當他靠近孩子、指使孩子時，便有不快，猶如祕密社團中進來一個外人。孩子羣有其不可侵犯的規則，他們為其自身而保護這些規則。玩伴之間的關係之牢固，甚至維繫到其成人後，有時候與一個二十年未見的人，或與一個幾乎不認識的人瞬間可以成為朋友。孩子羣就這樣成長起來，形成成年人的朋友圈，卻與其兄長，與其弟輩形同陌人。同長兄的交談總是彆扭，而與父親交談更是幾乎不可能。但與不同年齡的陌生人交談則比較自然，與書寫課或科學課或文學課教師的交談也會比較自然，因為教師認識到他們的差異並會保持這種差異，不像兄長或父親那樣總想靠近，總想教誨，卻又心急生氣而不能成功。教師因此可以充當家長羣體與兒童羣體之間的使者和中間人。

14 / 孩子羣裏沒有陰謀詭計和阿諛奉承

孩子羣也將重新組合，組建新的「十月議會」。

家庭在這個空檔期的思考權已經耗盡，更不適應孩子羣，因為通過情感交流，每個人都回歸於自身，行使其奴隸的權力，任性而無所顧忌，從而導致控制能力低下，煩惱處處籠罩。孩子的東西被拿走，自己也被限制在家中，艱難地忍受着家人一致的斥責。然而，他還會拿到自己的東西，重新在其議會中找到自己的思想。可以說，學校適合兒童的思想，只不過人們太少提及。他可以說只有在學校才有思想，此後還可以說，我們的智慧只能是這個美好時光的記憶。

經驗幾乎無教益，甚至依據最嚴肅的方法也是這樣。那麼是誰提出了這樣的本質問題？也許是一些教師，他們自己被孩子羣體大會帶回到童年。孩子羣體大會比學院大會更為強大，在那裏沒有陰謀詭計、阿諛奉承、衰弱與暴躁老人的強勢，有的是純潔的經歷和真誠的思想。對於眾多兒童，合乎人情的經驗替代了其他人類經驗，即成功靠的不是理性，錯誤經常被獎賞，有時還被過分懲罰，時間迂迴地流逝、浪費，因為需要碰到好運，需要靠吹長笛謀生時卻遺憾只有小提琴。每個人都過分地承受着人類的偶然。相遇會帶來事物，行動走在思想之前。

孩子輩存在於這樣暴躁的運動之外。這些孩子帶着自己的書，穿過街道中的各種事物，便遇到按照其規格和期望排列的其他事物，作業本和練習題。課程不是小事，因為需要遵循。沒有任何從學校畢業的活生生的人不遵守課程，也不能不按照困難順序從一個問題跳到另一個問題。不是倒着讀書，不是不用時間讀完一章或僅僅一句就能成功。學校有這樣寶貴的條件，大家平等地按部就班地學習。優秀者複習學過的東西，滿足其好奇心。通過這樣毫無質疑的幫助，獲得一種驚人的安心。根據每個人的方法，在任何時刻都能夠確定自己的信念與信心。對於最微小的事情，對於維吉爾[1]的詩歌或計算，可以在教師的幫助下，通過一致的論證或大家的討論，得出真正的看法。與同伴們一起去學校，一起討論某一分詞或某一特殊的重量；每個人都抽出一張紙，經常在上面猶猶豫豫地對權威的信仰進行修改，而這種權威竟來自於無尊位、未戴尖頂帽的娃娃們。這是多麼美妙的事啊！這種人類精神的幸福狀態絕不會再現。即使是兩個教師在一起也不會有這樣良好的信賴，也不會有對真正價值的純粹評價。

孩子輩製造思想，而成人羣體的思想實際上產生於他

1　維吉爾 (Virgile)，本名為普布利烏斯・維吉利烏斯・馬羅（拉丁語：Publius Vergilius Maro，前 70 年 10 月 15 日 — 前 19 年 9 月 21 日），古羅馬詩人，其作品有《牧歌集》（*Eclogues*）、《農事詩》（*Georgics*）、史詩《埃涅阿斯紀》（*Aeneid*）三部傑作。

們所能做的事情之後。他們經常用鉗子砸東西，扭曲着鈍剪子去剪鐵皮。他們做什麼都憑着我所說的急急忙忙、出乎意料、怒氣沖沖的情緒。這些扭曲的主意有時相當漂亮，帶着對戰爭痕跡和整體精神的路線。這就是為什麼說課堂上的書脊都是值得注意的美好事物，值得記憶與回顧。

15 / 學校是兒童的安全之所

　　兒童的恐慌和溺亡使我想到學校，這個單純是兒童的社會應當與自然分離。學校要像公園，即是由人描繪的、安排的、限制的自然。所有活動都按照學校的工作和遊戲進行，無任何生產活動與防衛事業的現實擔憂。所有的條件都根據兒童本身的特點設計，絕對不需要防止衝動。如果有一個來自母親或奶媽的上面力量，不能把兒童從冷漠的地面上拉起來，兒童的絕望轉而變得無限擴大而導致抽搐。這對於這個年齡的孩子過於嚴酷，他不能重新回到剛剛從那裏出來的人體裏。對於這個小小的存在，有着溫暖與憐愛，有着眼淚與睡眠這樣有效的方法。

　　在懷抱中的孩子上，人們準確地把握着不諳生活的童年和保持童真的人性之間的分寸。人們可以到處看到，甚至在走出我們城市的活動中，懷抱中幸福的或熟睡的孩子無論是在行走中還是在汽車中，都安靜得像在搖籃中一樣。我們以為是兒童的乖巧，其實是我們的明智，並非兒童的乖巧。

　　學校裏的孩子們看起來很美好，在那裏他們找到了適合自己的能力。如果你仔細看，你會發現防護牆與圍欄抵禦着所有外部的侵襲。兒童在船上或在車上玩耍，還會在路上轉彎，但沒有水，也沒有馬。當兒童具備真實能力

時，當能夠駕馭羊車時，需要把一切管控好、安排好，使羊、車和兒童都在奶媽和管家的更高能力掌控之下。我們不能設想駕駛真正的有軌電車，但可以是小型號的作為兒童玩具的車，兒童可以是領航員、駕駛員和遊客。機械力是盲目的、非人性的，根本不能用來遊戲，或者說，小型機械玩具，小腳翻筋斗，均毫無傷害。

在人類生活的公共條件下及自然中，孩子就是一輩令人害怕的小魔怪。他們是衝動的先鋒，他們身上也許隱藏着各種活力。兒童集體需要在平坦的地面活動，無祕密，無陷阱，所有都是遊戲。一旦出現險情，兒童集體應當分開，由近處更強的人們實施管理，以防止用恐懼抗拒恐懼。眾多家庭在面臨去默東[1]旅行的日常危險時，都能夠把握這個在掌控中的自然狀態和掌控好的自然狀態的恰當尺度。還需要想到，這裏的孩子們都是同一年齡，長兄在防衛職能上自然是理性與勇敢的化身。學校則相反，它集合了同一年齡的兒童，因此他們在學校自身的條件下會處於和睦狀態。但稍有不人道的因素掠過，便會有極度的恐慌。一些大型學校會明智地組織安靜逃生演習，有人大聲命令「躲開火」。對火這樣的非人性力量的恐懼，特別具有對皇后般的恐懼，替換了作為誠信資源的慣常的教師權威。我們大概可以看到，學校是另一種類型的社會，明顯

1　默東（Meudon），法國中西部城市。

不同於家庭，也明顯不同於普通人的社會，它有其自身的條件和自身的組織，也有其自身的崇拜與激情。這對於社會學家是一個好的研究目標。

16／兒童的本質是通過學習而發展

　　心理學家講起興趣傾向來滔滔不絕。他說，「實驗證明，我們可以進行教育。如果我們沒有掌握改變自然現象的藝術，我們不能找出決定測量結果的變量，觀察就不會讓我們走遠。什麼是物理學家？什麼是化學家？不過是對一些物體提出問題的人，把它們打碎，把它們磨粉，然後置於熱温或冷温之下嗎？沒有這些無數的試驗，我們就永遠不會得到隱藏的規律嗎？同樣，心理學要提升其科學尊嚴，只能讓人們接受準備好的測驗。醫生已經在這方面有很多探索，但遺憾的是他們僅僅看到一些瘋人。教育家也需要對學校的兒童進行測試，以便在這些人的童年時傳授一些他們還不知道的正面的東西。缺少方法上的調查，他們將喪失時間。為了教育兒童，首先需要認識他們。」說什麼反對意見呢？明顯的是我們的水母腦袋。

　　戴眼鏡的社會學家反駁說，「如果人類知識都像您說的那樣可以用我們的手指頭形成，人類的問題將會比實際簡單得多，我十分高興。遺憾的是事實並非如此。我們看到所有過去的人的手藝都達到了驚人的完美，同時那些手藝人都處在荒謬的迷信狀態之中。我們可以得出結論：改變世界的物體都出自於毫無教養的人之手。我提醒您注意另外一個普遍的驗證。第一的科學是天文學，從那裏產生了

自然規律的第一個思想。天文學的對象恰恰是在我們掌握之外，是我們無法變革的唯一物體。天文學家反對改變物體的不慎態度，而是耐心地觀察。現在你們做了如此多的試驗，只告訴我們，天文學教育出謹慎的人，即能夠長時間觀察的人。如果說，對於想受教育並伸手過快的人是危險的，那麼對於這個心理學家關於改變他所掌控的人類對象的看法，我們能說什麼呢？此外，我還懷疑這些擾亂柔軟、脆弱物體的試驗。這只是一眼之見，並無提醒，而需要的是對人的觀察。您高興地觀察今天的兒童，他們學習語言詞彙，用幾個月的時間學習早期人類從地面站立，建立其廟宇與神祇以來幾個世紀的智慧。」

他停下來擦眼鏡，「現在我還有其他事情要說，不是作為社會學家，而是作為教師，因為我了解這一職業。您說需要認識兒童以便教育他們，這毫無道理。我倒是要說，需要教育他們以便認識他們。因為他們真正的本質，是通過學習語言，學習各種著作和科學而發展的本質。也就是說，在學習歌唱中，我會辨認他是否會成為音樂人」。

17 / 古老的東西蘊含着新元素，而現代的東西往往無任何新鮮之處

　　教育就應當是滯後的。恰恰相反，這不是落後。欲衝向前，需要先退後一步，如果不在過去的時間段停留，怎麼能過去這段時間？即使對於一個完全強大的人，企圖學習最新狀態的知識都是愚蠢的事，他既毫無衝動，也無任何合理的希望。他看到的只是無處不在的不足，我敢打賭，他陷入了皮浪主義[1]的僵化之中，也就是說，他什麼都明白，但什麼都不能確定。與追逐遠古時代的，按照正確動作投擲的人相反，他懂得克服，這一經驗使之獲得強大的精神。

　　《聖經》多次宣示，並且根據精神的宣示比根據文字的宣示更多。因為人們不能停留，人們也都知道不適合停留。這一原始的、抽象的思想，顯得突兀艱深，卻有着未來。既然如此多的人能夠戰勝古老的規則，每個人都可以被允許去相信它。於是這個良好秩序的承諾便水到渠成。為了成為真誠的基督徒，我們的欠缺是未曾是異教徒或猶

1　皮浪主義，或皮浪懷疑主義，見於 2 世紀末 3 世紀初時塞克斯都・恩皮里柯（Sextus Empiricus）著作《皮浪主義綱要》（*Outlines of Pyrrhonism*），為公元前 1 世紀時埃奈西德穆的懷疑論學派，可追溯至古希臘哲學家皮浪（Pyrrho，約前 360—約前 270 年）。

太教徒。首先那些非法利賽人²如何醫治病痛？有多少人是年長的法利賽人？這便是逆向的進程，這便是使我們得以感受的權利。因為權利從未充分，這很容易明白。但同時這一痛苦的思想毫無益處。是法學家使權利變得更好，正是因為他知道權利，所以他相信權利，他珍惜權利。通過充分的權利，而不是不充分的權利，一種思想允許另一種思想存在。面對訴訟，治安法官通過道義本身的力量，想到一些新的事物，因此能夠遵循比訴訟人的反駁更有力度、更大範圍的法律原則。

兒童需要未來；這不是需要給他們的最次要詞彙，而是首要詞彙。這是先哲們完美的行為，我們可以追溯到先知的預言。他們給你需要砸開的杏仁。純文學的意義在於傾聽聖賢的教誨，正如德爾斐³神廟門楣所宣示，除了自我審問之外便沒有更好的方式。在科學領域正好相反，通過簡明教程的完善，人們經常看不到任何障礙。在精緻的機械學課程上便毫無障礙，人們問道，「這個東西有何用途？」而不是自我反問，「什麼東西可以使我解脫？」我們清楚看到，在笛卡爾⁴那裏正好相反，因為他犯錯並糾錯，

2　法利賽人 (Pharisiens)，古代猶太教一個派別的成員，以嚴格遵守成文律法見稱，《新約》中稱他們是言行不一的偽善者。

3　德爾斐 (Delphes) 是一處重要的「泛希臘聖地」，即所有古希臘城邦共同的聖地，著名的德爾斐神諭就在這裏頒佈。

4　勒內・笛卡爾 (René Descartes，1596 年 3 月 31 日—1650 年 2 月 11 日)，法國著名哲學家、數學家、物理學家。

跟我們非常接近，但泰勒斯[5]做得更好。蘇格拉底具有這樣一種藝術，把所有思想帶回到最初的童年。對阿基米德[6]的浮力理論和帕斯卡爾[7]的氣壓計進行推理是一件很好的事情。需要思考兩者之間的混淆，這一混淆尚未被充分注意到，但它與我們很靠近。古老的東西蘊含着新元素，而現代的東西往往無任何新鮮之處，因為其真實性與我們的錯誤不在一個層次上。地球還在轉，但已老態龍鍾，地球崇拜者看它已無困難。但地球崇拜者是少了些狂熱還是多了些狂熱呢？我不知道該怎麼說。

5　泰勒斯（Thalès，約前 624 — 約前 546 年），古希臘時期的哲學家和科學家。

6　阿基米德（Archimède，前 287 — 前 212 年），古希臘數學家、物理學家、發明家、工程師、天文學家。阿基米德為如何鑒定國王的金王冠純度，苦思冥想。他在洗澡的時候偶然發現，當他坐在浴盆裏時水位上升了，不禁高興地從浴盆跳了出來，光着身體就跑了出去，邊跑還邊喊着：「εύρηκα!（我發現了！）」後來阿基米德將這個發現進一步總結為浮力理論：物體在浮體中所受的浮力，等於物體所排開的浮體的重量。

7　布萊茲・帕斯卡爾（Blaise Pascal，1623 年 6 月 19 日 — 1662 年 8 月 19 日），法國神學家、哲學家、數學家、物理學家、化學家、音樂家、教育家、氣象學家。

18／真理不能從一種思想注入另一種思想

　　知識與知識有別。當教育者開始解釋天空中的事物，首先描述其表面現象，通過星辰的起落確定東西方位，他經常要像孩子那樣講，「太陽升起與落下，這不是真的，而是地球在轉動，這是我爸爸跟我說的」。這一類知識不需要糾正，因為那些早就知道地球在轉動的人從未充分注意到這些表面現象。如果跟他說起這只是一個附屬的空間球體，他便不再停留在對表面現象的描述，他想到不會是這樣，而徒勞地去探索哥白尼[1]的天體論，正如人們看到的一個星球。哥白尼的天體論則是表面現象的真理，但我認為需要兩三年時間對表面現象的連續觀察，才能真正地形成關於太陽系的思想。確定之前的懷疑，是一件不可彌補的、共同的壞事。

　　公眾的學習情況很糟，因為他們想像最新的真理便是最適合自己的真理。但真理不能這樣從一種思想注入另一種思想。對於那些從表象出發並未獲得真理的人，真理便什麼都不是。有多少人打開報紙說，「看一看，是否保存

1　尼古拉・哥白尼（法語：Nicholas Copernie，拉丁語：Nicolas Copernicus，波蘭語：Mikołaj Kopernik，1473 年 2 月 19 日—1543 年 5 月 24 日）是文藝復興時期波蘭數學家、天文學家，他提倡日心說模型，提到太陽為宇宙的中心。1543 年哥白尼臨終前發表了《天體運行論》，被認為是現代天文學的起點。

能源的原理總是正確」。虛妄的雄心使人不能放棄還沒有的東西。首先需要掌握這個原理，進行幾千次樣本的試驗，以便達到與第二原理，即所謂的遞減原理相適應，而不損害第一原理。如果沒有第一原理，第二原理便毫無意義。兩個原理還需要實踐數次，以便達到相互質疑的狀態。懷疑是一個過渡階段，為了測試，首先需要樹立堅定的信念。懷疑是一個確信的信號。

我們注意到，笛卡爾是位最勇敢的懷疑者。我們還可以說，他不如酗酒者、譫妄者、瘋癲者那樣敢於懷疑，因為在這些精神貧乏者面前，世界在日趨衰落。表象形式不計其數，猶如一片混沌，其夢想給我們若干思想。然而誰也不想說，這些衰弱的精神處於懷疑的狀態。他們在懷疑什麼呢？相反，我們看到笛卡爾在他的熱情之餘懷疑，更加清醒，更加擺脫了一切衝動，更加確信這個無任何人存在的世界。我說，保留全部比例，著名的龐加萊[2]可以懷疑地球的運動，因為他首先長時間地、努力地想到這一點。但這不允許首先有一個娃娃從座椅上站起來說，「不能肯定地球在轉動，也許這只是一種說法。」有一個從思想到思想的運動，最終在所有思想之上，每一個思想都相續發

2　儒勒・昂利・龐加萊（Jules Henri Poincaré，1854年4月29日—1912年7月17日），通常稱為昂利・龐加萊，法國最偉大的數學家之一，也是理論科學家和科學哲學家。龐加萊被公認是19世紀中後期和20世紀初的領袖數學家，是繼高斯之後對於數學及其應用具有全面知識的最後數學家。

展，都在關注着獲得真理，但較少好奇地接受真理。如果這樣的明智被更好理解，幾乎所有人在愛因斯坦[3]的悖論前都會像我這樣說，「我不在那裏」。

---

19 / 偉大的詩歌可以感動所有人

讓孩子或家庭去選擇學習這個而不是那個，我覺得這是一件很可笑的事。同樣，指責國家強迫他們做這做那也是一件可笑的事。什麼也不需要選擇，選擇已在那裏。我相信，所有人都應該更好地知道拿破崙表述的兩個詞：幾何學與拉丁語。通過傾聽拉丁語學習偉大著作，我們學習差不多人類全部的詩歌，拓寬我們的視野。所有事情都已說盡。

幾何學是認識自然的鑰匙。對幾何學一竅不通的人，絕不會很好地認識他所生活、所依存的世界。面對對手的強大，他只是根據一時的激情，自我欺騙，錯誤地測量，錯誤地計算，有害而不幸。我從未聽說，應當教授整個大自然。不，人們應當根據客觀事物，根據清楚所見的必要性，調整其思想。不應過分，也不應減少。一個沒有任何必要幾何學思想的人將會缺少外部世界所必需的思想。整個物理學和整個自然史都不會給他這樣的思想。因此，幾何學是一小部分科學，卻是極好的科學，總是提供最嚴謹的證明。幾何學的美妙在於其中有證明的步驟，在整體中有若干純粹與聖潔的東西。正如球體與稜柱體，是教我們關於事物的課程。教誰？教所有人。因為一個孩子理解困難，就判定他不會懂幾何學，這是十分可笑的。相反，這

是一個信號，需要耐心等待他進到那裏。泰勒斯根本不知道我們全部的幾何學，但他懂得幾何學，他非常懂得幾何學。因此，對於必然性的最微弱觀點，將會是全部生命的光輝。不要計算時間，不要測量才能，只需說：「需要幾何學。」

詩歌是人類秩序的鑰匙，正如我經常所言，也是靈魂的鏡子。但不是那些故意為兒童所作的一些無聊的押韻詩歌，相反，最高尚的詩歌，最能引起人們的敬仰。在這方面，人們經常說，兒童幾乎一點不懂。毫無疑問，兒童開始時就是不懂。但詩歌的魅力就在這裏，在教我們之前的每次閱讀，它依照人類的普遍模式，給我們的只是聲音和韻律。但這對於兒童很不錯。如何教會兒童說話，或是通過咿呀學語來馴化他的自然本性？因此需要他嚴格地誦讀好的發音。這就是首先規範他的喜好，使他處於學習所有喜好的狀態，隨即提高其感知力，達到發現所有人類景觀的觀察點。

那麼他粗俗如野人嗎？他對這些事情都無動於衷嗎？我根本不信這些。偉大的詩歌可以感動所有人。最粗獷的工匠渴望最偉大的詩歌。不需要少做事來對付怪相，怪相本身也是詩歌，卻是無助的詩歌。所有的詩歌可以面對所有人，只要人們願意，所有的人類語言可以被所有人掌握，只要人們有能力。一個人如果不被這種模仿所規訓便不為人。

幾何學和詩歌就足夠了。一個淡化另一個，但兩個都需要。荷馬[1]和泰勒斯攜手引導兒童。兒童懷有成為人的雄心，絕不要欺騙他，更不要讓他在無知中選擇。否則，基督教理會讓我們感到羞愧。因為神學家將其所知告訴我們所有人，而止於造反精神。他們在懷疑中為所有形態的人洗禮。我們去選擇嗎？或如另類，拒絕人間洗禮，在渾渾噩噩、沉睡不醒中度過？

1　荷馬（Homère，約前9世紀—前8世紀），相傳為古希臘的遊吟詩人，生於小亞細亞，失明，創作了史詩《伊利亞特》和《奧德賽》，兩者統稱《荷馬史詩》。目前沒有確切證據證明荷馬的存在，所以也有人認為他是傳說中被虛構出來的人物。而關於《荷馬史詩》，大多數學者認為這是當時經過幾個世紀口頭流傳的詩作的結晶。

20 / 人的天賦往往因最初的召喚而迸發

　　一個看起來有能力，或僅僅是有學習興趣的乖孩子被從村子裏挑選出來。每個人都可以依據其能力來培養他，而他卻被一羣碎嘴婆吹捧起來。在一個將來可能是個人物的兒童面前誇獎，是人的好行為。同伴們也都一致讚賞。我認識一些六十多歲的人，曾經對他們的班級充滿自豪感。而當新來一個同學，他們才顯得平庸。所有人開始找這個有才華同學的毛病，製造他的謠言。每個人都認識這些謠言收集者，而尊貴的人只是在過分希望時才會出錯。簡單地說，獎學金並不缺少，缺少的是獲得獎學金的人。人們把謀求高位的人集中起來，遠遠多於實際需要的。當齒耙一過，懷揣完勝希望的人一個不剩。問題便已解決，沒有任何障礙。我找現在仍是農民和工人的兒子們求證，其中許多人都處於他們應當所處之位之上。我不想繼續對這些被我召喚卻未被選中的人進行細緻的描述。在他們之中，我都認識，但沒有一個社會地位降低的人。幾乎所有人都回到他們的省份，他們在那裏沒有任何聲響，但經常都處於略高一些的小職位，並仍被上司所用。這是一個好的起因。

　　還有受到較少教育的人，他們或是不願學習，或是無能力學習。這裏存在真實的問題。我知道過去一個年輕小

伙因一兩次對三角題的推理困難而被棄之不錄用。如果當局只是為了執政黨尋找新手，這個行為是合理的；如果當局真正需要有知識的公民，這個行為就很可笑。如果一個小伙子對數學顯得毫無能力，這是提醒我們要不懈地、巧妙地教他數學。如果他不懂得最簡單的東西，他能懂得什麼呢？顯然，最容易的便是堅持這樣的簡短評價，也是慣常聽到的：「這小伙子不聰明。」但不允許這樣。一切相反，這是對人認識的根本錯誤，這極不公正，是把人等同於獸類，而不知運用人所具備的全部思維，不會感受人所具有的全部友情，卻把生命活力變得冷酷無情。如果教育的藝術不是以激發人的才智為目的，就只能付之一笑，因為人的天賦往往因最初的召喚而迸發，繼而披荊斬棘。然而，那些處處受限、經常出錯的人，那些失去勇氣、失去希望的人，正是需要幫助的人。

最偉大的判斷在那裏並不過分。對於我來說，當我判斷一些勇敢而有力的思想，我會像蘇格拉底那樣，讓它去清理小奴隸的最初概念。從其言論到其本人，我甚至懷疑天才不是人們所相信的兒童，除了他本人，不用去探索野蠻、奴隸、蠢人、智力發育緩慢者、迷信者、痴呆者、無精打采者。這就是為什麼我經常想，不能浪費時間去收攬雞毛蒜皮的小事，而要千方百計地去戰勝最遲鈍的思想。最優秀者將通過對確信可知的事物的思考而獲勝，大師也是這樣，但畢竟罕見。

我當然可以宣告，沒有任何人能夠思考其職業以外的事情。只有像伊索[1]等人還是奴隸時，就開始思考更多的事。然而，他將不是奴隸。他不僅如同每個人所為，思考神靈與人間的事情，這不足為奇；他還能決定和平與戰爭，公正與邪惡，高尚與卑鄙等一切；也許是有些發狂，以其身體之重所能決定的等等一切。最自由的作家在每一刻都會感受到在他筆端的重量。一個想去經商，想去務農，或僅僅想做點機械活的人，讀到笛卡爾、蒙田和帕斯卡爾的著作，或僅僅瞥見最簡單定理的崇高，是不是會感到渺小？如果人文寶庫掌握在最值得敬重的人手中，這個世界便會沿着正常軌跡前行。相反，如果人們置身於教導無知者，我們看到的將是新的空白。

1　伊索（Ésope）為西方傳說中的人物，約生活於公元前 7 世紀至前 6 世紀，相傳為《伊索寓言》的作者。傳說中的伊索是一個奴隸，後來以博學多聞被釋放，成為自由人。

21 / 人文主義對於所有人都有益

　　我聽人這樣說：「我們所有的未來都依賴於教育；而教育依賴於圖畫。因為沒有什麼比圖畫能夠讓我們更好地認識兒童的個性與特點。如果不能首先認識兒童，如何能使教育獲得成果？請看，人們向學校裏的這些小朋友提出一些喚醒想像力，而不是強迫接受的景象：菜市場、升空的氣球、烏鴉與狐狸、雜技、收穫的季節，以及其他事物。他們的一些選擇已經顯示出若干天然能力的特點，但是在實施中，卻又那麼不同，那麼多樣！當然，這裏有些不靈活，有些笨拙。我甚至從形體的角度來看，有些醜陋。但這卻是表現力，卻是自發的感受，卻是行為的表達！」

　　信仰是稀罕的、寶貴的。我不想剝奪有信仰的人的信仰。但在這裏，我感到努力的方向不對，因此要予以反駁。

　　我清楚看到，這些隨意的圖畫可以教導老師，但學校也有教育兒童的目的。您說，為了教育，需要了解要教育的人，這個我懂。也許更重要的是了解施教的人。至於兒童的特性，已經以重要特點、喜好塗畫等全部記載於這些如實的圖畫之中。我相信，這些圖畫決定了您的判斷，您的全部判斷。我甚至看到這些心理觀察的不當之處，即尋找一些可猜測、可誇獎、可責備的東西。依此推論，所有東西都會因無知、混淆、膽怯、自我封鎖、狂暴、悲傷而

變壞，然而所有東西也會因科學、文化、體操、自控、解脫而變好。正如我所確信，人文主義對於所有人都有益，我要盡我所能為所有人發展人文主義。每個人學習他可以學的人文主義，個人盡其所能。因為我有一個奇怪的想法，遠在人們通常所講的之上，即思想可以驗證信仰，這對任何人、對整個人類都適用。那些寫作的人是為每個人所寫，而不僅是為我，為兒童或成人所寫，還能根據我的需求而寫，並總是在我身邊，經常在我之下。心理學家們由於狂躁地想去認識，而不是去變革和提升，因此全都搞錯，並互相搞錯。認識我的思想，實踐我的思想；認識我的感受，便是提升，便是人文主義化。我的真實形象，存在於荷馬、維吉爾、蒙田之中。再重申一遍，從兒童到我本人，我應當拿出一面鏡子，隨即可以看到成長與純真。

但思想是黑暗的。需要閱讀和再閱讀偉大著作以便知道最好的建議者和矯正者在哪裏。圖畫通過最便捷的途徑把我們帶到同一思想。因為，無論是哪種模型，人們只能在調整與緩和心中所有紛亂中描繪出適當的圖畫，這在手的顫抖中與重量中有明顯感受。只有粗俗透過紙背在這些強調的特點中表現出來。在最美妙的描繪中，我所佩服的是他們在紙上留下清晰可見的紋理，輕若空氣，毫無重量。線條顯示出對模型的關注與忠誠，但與一條公正的線條相比還是一件小事。公正的面孔是描繪者自身的形象。我從中清楚看到節制與純真。一個可能有着強烈激情

的人，當他在描繪時卻會讓他的手來完全掌控其身體與心臟。不去思想，好的模型便是一切。因此，去模仿真正智慧的樸素與豐富，會使每個人增添一點智慧。毫無疑問，對他來說，更好的是集中精力抄寫一部優美著作。而不是總想無助地自我表達，做怪態做鬼臉。行走，而不是引領。奴隸，像其他奴隸那樣依舊是奴隸，因為他們一點也不想模仿。

22／一個緊張而匆忙的人聽不見任何道理

　　改變人是比認識人更迅速的行為。說到改變，我總是聽到一些微小的，但已是足夠明顯的差異。跪下的人不同於站立的人，張開的手不同於捏緊的拳頭，大聲喊叫也不同於在喉嚨中低語。這就是為什麼姿態舉止經常比道理更能說服人。道理本身很少能改變人，改變就足矣。只是人們幾乎從未相信在道理面前還有障礙。一個緊張而匆忙的人聽不見任何道理，需要通過體操和音樂使身體放鬆，這時才能很好思考，正如好的小提琴手演奏時從不用手指緊捏住琴弓。當然，在僵直的手臂與柔軟的手臂之間沒有太大的差別。棕色的或金色的，強健或纖細的身體，都會使小提琴發出聲音，但無論是什麼聲音，首先需要聽到的是柔和的聲音。不要去打算做任何通過體操來改變其本性的事，而是要能夠使自己解脫。

　　這些艱難的、憑耐力的藝術，使人看到同樣方法對於所有人都可行，儘管每個人都不同。我甚至說，共同的方法根本不具有使每個人都相似的目的，而相反使他們更加不一樣。因為在兩個會拉小提琴的人之間，新的不同開始滋長，這是每個人的自身特點。同樣，每個人都有自己的劍術，但需要他們首先學習共同的劍術。這些例證有助於使人懂得共同的文化如何使差異之花盛開。這就是說，為

什麼幾何學對所有人都好，甚至幾何學的準備，用靈巧的手畫出直線或圓周，也對所有人都好。當然，這比徒勞地去猜想每個人中哪些是抵觸幾何學的混亂思想更好，猶如企圖把腳踩在影子上來固定影子。為了這些學習，對於所有人來說，只要一個適當的身姿、一種輕鬆的心態、一種對事物的親近。正是這樣，一個長久而困難的起步打開了通向理性的思想，人們可以根據數字和其他符號的書寫來判斷學生的進步。

我相信，那些鄙視外部方法的人，都懷有戰勝本性的期望，這幾乎如同把捲曲的頭髮變得直順那樣合情合理。其實他們根本不能獲勝。每個人都保留其頭髮的曲直和身體的形狀，每個人對於共同的思想總是銘刻上自己本性的印記。書寫的差異應當被理解，因為這些差異由文化而擴大。人們也說到面孔的差異，在禮儀中顯示出獨特的表達。於是我相信，本性就其主體來說是永恆不變的，但人的組織和情緒的實質卻在善與惡之下。一個人的德行同其惡行相比，會高於鄰居的德行。斯賓諾莎[1]比常人更懂得永恆，他說人絕不需要有馬匹的完美。我們說，人不必披上鄰居德行的外衣。沒有體操和音樂，惡行僅僅在自我絞殺之中。所有解脫者皆好。

1　斯賓諾莎（Baruch de Spinoza，1632 年 11 月 24 日—1677 年 2 月 21 日），猶太裔荷蘭籍哲學家，西方近代哲學史重要的理性主義者。

23 / 斑斕的色彩並非光明

　　需要抓住人的特點，在此之下，更真實的是兒童的特點。兒童的特點尚未完全形成，但經常被認為已經形成。人總是相信自己的個性已經形成，像攜帶一件好或壞的作品那樣，到處炫耀其特性。我們從其側面看，會發現他的情緒不穩；他流淚，謊稱是因為陽光刺眼。如果您想認識一個人，首先需要請他坐下，拉下窗簾，擋住熱的或冷的氣流，以及討厭的噪音，然後以您自己的口吻開始談話。最後，應當避免整體環節中任何小的誤差。之後，您會看到這個人穩定的特性，就是說一個聚合的、均衡的真正整體。鼻子與下巴的形狀，皮膚、頭髮和眼睛的顏色，他具有的這一切，都是其不變的營養習慣的標記。據此，他成長，他患病或健康，他衰老。無論悲傷與愉快，他總是這樣的顏色，總是這樣全盤模樣，總是這樣的行動軌跡，不可模仿，他便是他。這些差異不可克服，需要喜歡這些差異。這種堅定，這種對自己的忠誠立即賦予了希望。只要他能堅持，我就支持他。說服的藝術也許與這種不因情緒而中止的對本性的調查相關。好，我支持。但我要做什麼呢？當然不是他不想要的，而相反是他想要的。想要的本性便是慈善本身。不是鄰居的德行，他無法去做，而是

他對於自己的德行，如同他頭髮的顏色與曲直。他自己的德行，類似於他與兄弟，也類似於自己的惡行。想要模仿斯賓諾莎，他是不可模仿的，因為我要說，一匹矯健的馬更類似一匹疲憊的馬，而不那麼類似一個矯健的人。同樣，一個人的勇敢與其自身的膽怯非常類似，而與鄰居的勇敢卻不那麼類似。一個漂亮的蘋果類似於一個腐爛的蘋果，而不像漂亮的橙子。不能說吝嗇鬼根本不知道付出，我們無話可說。但一個做出付出的姿態非常類似於做出保留的姿態那樣，而這總是同一隻手。如果不能真正誠實地計算，便一無所有，因為鄰居也會同樣地計算。相反，一個自以為是的小偷總覺得別人都像自己那樣粗心，他也偷自己的東西。也許，粗心這樣的惡習與某種慷慨也相距不遠，只是他付出像盜取那樣，也用同一隻手。

從魯莽到勇敢，從嚴峻到堅定、果斷、毫不動搖，我看不到有大的距離。不是從固執到忠誠，也不是從遲鈍的思想到強勁的思想，而是具有詭辯家的細微與機敏。惡行只是德行的中間路程。斯賓諾莎寫道：「每個人德行的唯一基礎便是其生存中堅持不懈的努力。」這一堅定的格言遠不是最好的工具，但可使人膽怯。人們更喜歡這個軟綿綿的勸說有所變化，並具有陌生的特點。徒勞的建議，人幾乎還是他自己。人們希望的唯一變化，便是他仍是自己，而不是向外部事物退讓。從這些釋放的差異中產生出為了

所有人的最大福利。如何實現？如果你不能像主教解脫冉阿讓¹那樣勇於解脫，你便一無所知。

　　需要再次閱讀《悲慘世界》的精美篇章，這是避免可笑地誤解雨果的機會。不僅如此，所有公正的思想都在這個讓每個人都具備的堅定的信仰之中。這種強烈的愛猶如人間的太陽，給人們帶來果實。另外的愛，想給人以選擇，想使人愉悅，則是月亮，是光的反照。斑斕的色彩並非光明，更糟的是不會使果實成熟。當我們對自己的優點一無所知時，便想宣稱鄰居的優點；在人們把自由運用自如時，便會許諾自由。但相反，如同一個好習俗將廣為人知，我們同樣會把救贖的本性作為典範。正如《第九交響曲》²，在其存在之前，人們並沒有產生對它的看法。

1　冉阿讓（Jean Valjean），法國作家維克多‧雨果於 1862 年創作的小說《悲慘世界》中的角色，也是故事中的核心人物。

2　《第九交響曲》是貝多芬於 1818 年至 1824 年創作的四樂章交響曲，也是他完成的最後一部交響曲。該作品是古典音樂中最為人所熟知的作品之一，亦屬於貝多芬最傑出的作品。

24 / 記憶並非工作的必要條件，而主要的是工作的結果

在很長時間裏，我厭倦聽人說某個人聰明，另一個人不聰明。

我很驚訝，這樣輕率地評價人，真是愚蠢之極。一個被人們判定為平庸的人，如果他循序漸進地學習，永不放棄，真的掌握不了幾何學嗎？從幾何學到更高深的研究，其過程與對幾何學的飄忽不定的印象相當，困難是同樣的。對於無耐心的人便是不可戰勝的，對於堅持不懈的人便無所謂，可以把這兩件事當成一回事。在科學中創新和被人稱為天才，我應當說，你們看到的只是長時間工作的結果。如果一個人毫無建樹，我想知道的僅僅是他不想那樣做。

同樣的這個人在幾何學的冷峻面孔之前退卻，二十年後我再遇到他時，他已選擇了一個職業並在繼續工作。我看到他在自己所從事的工作中相當聰明。另外一些人想在找到一份值得炫耀的工作之前臨時幹點事，儘管他們有理由去掌握其他工作，但這時卻在說蠢話。我看所有這些人在把握好的方向上太過愚蠢，因為他們在宣示之前什麼也不看。我從這裏產生一種想法，每個人都如其所願，既是正確的，又是明智的。語言已經教會我足夠東西，因為只有傻子才會說不足。平民的本能似乎用手指告訴我，是

誰造成了會判斷的人與傻瓜的區別。意志，我更想說是勞動，才正是他們所欠缺的。

當我揣測人的時候，我習慣看人的額頭，而不是下巴。不是組合與計算的部分，因為這個部分已足夠了，而是咬住不放的部分。這個部分可以用另外的詞說出，一個好人是堅定的人。共同的語言還這樣說，脆弱的人選擇的是根據習慣與榜樣判斷的人。笛卡爾巨大的身影在我們前面很遠，他從著名的《談方法》開始其談話，經常被引用的是：「好的意義是世界上更好分享的事物。」但在其《沉思集》中，他更直接地闡明這一思想，判斷乃意志的事情，源自於慷慨，通常被稱作智慧，而決非理解力。

人們從未確定智力等級。如果把問題簡化成 2 乘 2 等於 4，那麼最愚鈍的人也會毫不費力地解決，不會被想像的困難所束縛。我想說，什麼都不困難，只有人受困於自己。我還想說，傻瓜像一頭驢，豎着耳朵，拒絕前行。由於情緒，由於氣憤，由於膽怯，由於失望，這些因素攪和在一起，使人成為傻瓜。這個敏感的、傲慢的、有野心的、易發怒的動物，寧願當十年畜生，也不願悄悄地、乖乖地幹五分鐘活。正如討厭鋼琴的人，只因為連續三次出錯，便完全放棄了。然而，有人願意練習音階，但理性地說，他不願工作。也許，一個人由於感受而在自己手中出錯。雖無大辱，但他也不願自己欺騙自己，這便是他自身的、內心的善。確實有一種反叛，狹隘的頭腦中充滿暴

戾，情願到地獄中受罰。

有時人們說，記憶使人出現差異，記憶是一種天分。事實上，人們可以發現，所有人在其所從事的工作中都顯示出足夠的記憶。那些驚歎鋼琴或小提琴藝術家記憶力的人，只是看到簡單的表面，而忽視了是他們艱辛的工作才使之成就為藝術家。我相信，記憶並非工作的必要條件，而主要的是工作的結果。我敬佩數學家的記憶，我也想有這樣的記憶，但我從未做過他那麼多的訓練。為什麼？這就是我隨後想要理解的，我的混亂、停滯的思想埋沒在一些可笑的錯誤之中，使我無法自我安慰。每個人的不良所為很快都會被譴責。自命不凡便是最早的懲罰行為，由此而生的不可抑制的膽怯在障礙出現之前便降臨，還故意在障礙上壅土，並拒絕幫助。應當懂得先摔倒，而後笑。為此，有人說拒絕科學的人相當膚淺。是的，不僅膚淺而且還有可怕的嚴肅，正如誓言不能提供任何東西。

我還是回來說，學生的作業對其個性特點只是驗證，但絲毫不能驗證其智力。無論是拼寫、譯文或計算，關係到的是克服情緒，關係到把握意志。

25 / 當教師閉嘴，當兒童閱讀，一切皆好

　　奧古斯特·孔德[1]首先接受的是理科教育，也就是說他適時地知道自然事物之間如何關聯，整體上在數量與運動方面，或是在質量方面的豐富多樣。他用堅定的頭腦，裝備了這些知識，這也許是人們見到的最成功的頭腦，但他也有過笨拙的經歷。他是一個普通家庭的孩子，對外部世界有着強烈的嚮往，這是我們激情的主要來源。在他真實的野性狀態下，在勇敢之心的衝動之後，需要欺騙感受與想像嗎？這便是極大的冒險。但這個堅定的頭腦至少知道思考自己的不幸，在成年時發現自己青年時曾經的匱乏。他因此去接近詩人和藝術家，並在近四十歲時集人類之大成，在開始之處完成大業，這才是最廣大意義上的高雅，對於教育而言尤其如此。

　　我們誕生於人類組織，雖然這一組織一點一點鬆弛，但總是強勁聯結，不可能中斷，我們便在其中成長。我們沒有選擇。兒童的不幸在於瘋狂的幻想和相信長大的小煩惱。最大的壓力是置身於空曠之中，讓周邊的人們遠離視線。這只能學習一些符號，儘管奶媽有所注意，但也不能

1　奧古斯特·孔德（Auguste Comte，1798 年 1 月 19 日—1857 年 9 月 5 日），法國著名的哲學家、社會學家，實證主義的創始人。

帶我們走遠。需要讀懂奶媽面孔以外的其他事物並與她們的幼稚進行對話。需要閱讀，這樣才可以極大地擴展。掌握字母是一件小事，而掌握語法則無止境，在其上，可以擴展到共同的應用，在其下，是作為規則與範例的，我們感受與思維的美好的、有力的表達。需要閱讀，再閱讀。人類的秩序體現在規則之中，遵守規則是一種禮儀，拼寫也是如此。沒有比紀律更好的東西。動物的野性與生俱來，處於文明之外，而人性對於動物來說不可思議，只有通過閱讀的愉悅才可達到。界限在哪裏？是現代和古典語言為我們提供了上千種方式。是否需要閱讀人們所說的所有人文著作？

關於界限，我根本看不到。我絲毫不考慮在自然中緩慢成長，並只想從事簡單工作的人，我也絲毫不考慮只對偉大著作中提及的人性有最初需求的人。需要以兒童的滑稽模仿，嘗試隨意地做出各種語氣和姿態。自兒童早期，就儘量做其所能。依據優雅與敏捷，決定選擇其一作為修養，而排斥其他，這是不公正與不謹慎。美文對於所有人都有益處，也許更野蠻、更遲鈍、更冷漠、更粗暴的人更為需要。如何教育兒童？把物理學和化學放在娃娃們的學習內容中嗎？多麼美好的物理學和化學啊！孔德在此以最強烈的語句向我們鄭重地提醒與告誡，真實的物理學在沒有數學、機械學，甚至天文學的準備時完全不可能進入兒童的認識範圍，兒童在十二歲之前不應試圖學習這個學

科。他們可以由詩人、演說者、講述者來培育。如果想同時進行這些教育，時間並不缺少。小學便提供了一個人講課的可笑場景。我憎恨這些小索邦大學[2]。我只是通過敞開的窗口，用耳朵來評價。當教師閉嘴，當兒童閱讀，一切皆好。

2　索邦大學即創建於 13 世紀初的巴黎大學的別稱。

26 / 未能在深度思考中獲得愉悅與享受的 思維，不過是無光明的思維

人們可以通過實物學習，人們也可以通過思想學習。第一條路是技術之路，是成功決定真實與謬誤。我在學習打鐵的同時，琢磨着鐵與錘，沒有人詢問我的思想，但這是認識工人的方法。所有成熟年齡的知識都是這樣，人們實施思想的儲備，甚至律師或訴訟代理的職業也是如此，需要說理並試圖說服。在那裏有一個慣例，有一個評判的慣例，更好的是真實的慣例。人們還可以看到空虛的頭腦也是能力。

小學被安置在那裏，以尋求正確書寫、詞語協調和計算的慣例。人們發現最好的小學生很會計算，嘲笑高中生懂得加法的理論卻算不好。然而，計算的慣例是通過實物學習，是由實物所決定。人們看到慣例中數的清楚排列，正如所有會計所言。其他小學生把心思放在遊戲上，錯誤百出，因為相對於思想，什麼都沒有比遊戲那樣游移不定，不可捉摸和迷惑人心。原始文明使職業的非凡優點顯示出反差，並附加上建立在理性之上的令人驚異的觀點。驚異，需要注意地觀察，不止一次，科學的進步脫胎於宗教的荒謬，而不是職業。

何謂通過思想學習呢？這就是形成社會。依據歐幾里得的精準而形成的幾何學，總是通過清晰的定義，適應

於想像中的對話者。此外，他通過推理回答所有可能的異議，征服他者。由此產生被稱為普世性的知識，就是所有人共同的知識。所說的物體，便是想要的東西。幾何學的關注並不在於對圓形的回答，而是回答與其對話的另外的人。這一思維方式便是證明，對於一個沒文化的人，沒有什麼更為驚異的是，這些正確論證在實踐之後毫無可疑之處。這種需要時間的思維只能開始於中等教育。在高等教育中，人們會看到技術人員滿足於這種思維的成功和這種思維的教學。例如，人們在提出若干與所有人相關的簡單假設的條件下，論證萬有引力定律。但是技術人員，我甚至說高水平的數學家，在慣例幾乎成為嚴格規範時，都會喜歡說這樣的論證浪費時間，只要知道理論適用於所有事物就足夠，就會成功。這種思維是一種初級思維。所有職業都導致這樣的情況，天文學也是同樣。之所以普遍，是因為這給人以啟迪，是因為聽到成功，等同於普世般的真實。但是，未能在深度思考中獲得愉悅與享受的思維，不過是無光明的思維，不過是一種人的思想活動和無源泉的思維。這就是為什麼說，這一理性的停靠點剛好處於職業的共性與特殊職業之間，它對於所有人都有益。我甚至對遲鈍的人說，這一理性更加必要。教育的改革者，要看到這些。

27 / 有興趣的事物從無教益

當然，所有人都對自然現象感興趣，而與機械相關的人更是對自然現象投入極大的關注。兒童也是這樣。我理解人們總是像對待手中物件那樣看護兒童，看着他們拆拆卸卸，去嘗試探索，看着他們像懂得鐘錶機械那樣最終明白。我只是肯定地說，如果人們想要通過這種方法喚醒兒童的思維，便是錯了。有興趣的事物從無教益。人天然是有才能者、觀察者、創造者。你不能從獵人那裏學到任何東西，他不比你知道更多。並非昨天才有人邀請我們去讚美追隨動物蹤跡的野人。這是知識？那裏有其他東西要知道的嗎？這才是問題。

我不止一次地寫到這些事，以回答關於教育學的調查。出於必要的原因，我縮減了文字。我有所觸犯，有所妨礙，有所不快。這是一方面。但教育學家有一副厚臉皮，他堅守着他的實物課程和經驗。然而，人類的歷史足以證明，人們可以成為神奇的弓箭手，而根本不必有良好的方向。這些事情的祕密體現在柏拉圖和笛卡爾身上。柏拉圖在其學校門楣上寫道：「非幾何學家不得入內。」笛卡爾首先設定，至少要懂得一個定理。教育學家應當懂得他所說的是什麼。

在所有自然現象中，在所有機器中，都有一個令人討

厭的困難點。例如對於鐘錶，需要了解的是鐘擺的規律性運動，人們不能不知道墜體的規律，而如果不是幾何學家就不會理解墜體規律。在潮汐那裏，需要根據太陽和月亮的相對位置，了解萬有引力的作用，例如需要知道為什麼復活節的潮汐比其他時間的潮汐更強，並與月食相關聯。很好，想像差不多地為我們呈現出兩個星體處於同一線方向，如同兩個人牽拉同一根繩索。是的，但如果問到當兩個星體相交，為什麼在日食中有相同效果，而在月食中則相反，將會出現障礙。如果繼續追問為什麼在地球的相反兩側會同時出現大潮汐，這裏便是無知之點，人們便在此輕飄飄地溜過。實物課程，意味着人們知道有潮汐和日月食。為了理解，長時間迂迴是必要的，需要擱置一下，推遲一下。這樣就能比漁夫知道得更多嗎？就比他更不了解潮水的遲到，海浪和旋流的影響嗎？關閉學校，讓兒童在成熟實踐者的關照下去狩獵或打魚。

或者讓學校幸運地與世界隔絕，做一個艱難的迂迴。我們走向由算術提供的最簡單範例的真實困難。我承認，這有些令人厭倦，正如我對你們所說，也有些抽象。只有當兒童看到光，才會對光明感興趣，但是我們不能把光線直接投射到兒童眼中，因為兒童通過自己思維的注意，通過自己能夠堅持的意志，通過自己設想的來嚴格對待光明。嚴格的定理本身並無興趣，定理本身不是興趣，需要支持和運用這些定理。知識之光，當其升起比晨曦還美

麗，這是思想的晨曦。此時此刻，兒童第二次誕生，他知道了思維，捕捉到了笛卡爾所說的奇妙工具。真正的意義同時還是思維喚醒了人們的另一方面，這便是驚奇的平等。蘇格拉底在一個聚會圈子裏找人，把身穿斗篷的小奴隸當成學習幾何學的新手。傑出的阿爾西比亞德斯[1]一言不發，但也許是整天咀嚼其思想而不講話。教育學家可能很強大，可能自我承諾只向未來的教師傳授平等的祕密。

1　阿爾西比亞德斯（Alcibiade，前450—前403年），古希臘雅典傑出的政治家、演說家和將軍。

28 / 記憶從創傷開始

記憶從創傷開始。這並非因為身體組織損傷，由尖刺或刀刃造成的痕跡保留下來，而是碳、氧、氫的消亡，所有事件無法由記憶恢復。只是身體組織的自我修復，像在牀單上或在布面上，可以再次被看到。這樣，不僅我的所見可以回來證明，而且創傷部分也不能完全回復到原來的狀態，也不能像以前那樣訴說。痕跡便銘刻在知識之中，乃至在勞動之中。

一切有生命的部分似乎真是在這方面或多或少都是可塑的。鐵匠的肌肉在每次用力時都會受到損傷，而其受力部分同時以補償方式製造出更結實的肌肉組織，外部可見的效果是在皮下堅硬的、滾動的肌肉，即使是鐵匠最小的動作也會有這樣的轉變。他的勞動記憶因此銘刻在之後的勞動之中，每一錘改變着之前一錘的效果，完全不同於錘子本身和鐵砧的變形，完全不同於錘柄在使用時被磨光滑的情況。

對於這些事物，需要仔細觀察，記憶因重建而固化。因此需要時間與資源，需要了解營養供給的規律性的方式。表面上看，事情同樣在最敏感的部位發生，這些部位可以因聲音的微弱震動、顏色和氣味而變化。

這些發現有助於理解蒙田在其《隨筆集》裏描述的事

故。他說道，他從馬上重重地仰面摔下，失去了知覺，儘管他那時並沒有失去認識能力，卻再不能恢復對休克前情景的記憶。有人向我描述過同樣事件：他拼命擠進一部有軌電車，感覺被什麼東西重擊一下，但怎麼也找不回休克以前的記憶。為了緩和想像，應當在此指出，休克之前瞬間的恐懼根本來不及形成，成為某種東西。對這種失憶的解釋，我已經講過一些，而記憶需要時間來形成。突然而至的大錯亂，使記憶未能成熟並且變形，在肌體巨變的痕跡中消失。具體情節也消失。但總是可以通過成長與營養，我們重新找到一些痕跡，猶如牽牛花在一個夜裏纏繞在一根木杆上，快速生長。同樣，兒童根據語法而成形，而掌握所有事物，這是老人們不會做的。

29 / 在學校犯錯，不會損害任何人

　　學與教相互對立。這種對立源自於不願創新的猛烈勞動。創新會出錯，會把器材搞壞，還缺少工具。學徒工要經歷這樣嚴厲的規矩，他特別要學習的是，絕不要試圖做超出他已經知道的事，而總是要在此以下。學徒工都有一種膽怯，在工人中則變為謹慎，這些都標誌在臉上。「我不知道，這不是我的行當」，出師的學徒工會這樣拒絕地說。比較謙遜的研究人員會說，「試一下看」。然而可以猜想，自由的研究人員很少做昂貴的試驗。而發明者經常因花費巨大而破產，著名的帕里西[1]便是標誌性人物。人們知道，他的創新思想不會在工廠被接受，因為它不僅威脅到版畫業和剪刀業，還浪費時間。因此，學徒工特別應學習的是不去思想。

　　這裏體現的是技術，是無言的思想，是手與工具的思想。人們可能要說，這是懼怕思想的思想。在工人的態度中，採取這種謹慎是好的，但也把自己封閉在受束縛的可怕承諾之中。我設想，謎一般的古埃及人是擅長技術的人。他們不為人知的思想幾乎是不可理解的。然而，一些

1　博爾納・帕里西（Bernard Palissy，1510—1589年），法國陶瓷專家、作家、學者。

明顯可見的原因把我們帶到臨界點，但不再走得更遠。你們看到工具支配着手，你們已經有一個真正傳統的主意，我甚至說是實在的主意。到處都有工具，制定了物體成形的規矩，也形成了馴服的，甚至是恐懼的思想，因為工具改變笨拙。老闆更值得懷疑，因為他代表着不可更改的必然。老闆根本不會樂於接受將寶貴材料轉變為廢屑的創造性試驗。兒童的思想，犯錯的兒童，損壞東西的兒童，浪費時間的兒童，在此是一種敵人。這就是為什麼一個孩子通過不良經驗獲得了他的生活。他過早地學習謹慎，他學會了不再勇敢。想像有一個小辦事員，在已付郵資的公文紙上犯了一個計算錯誤。這是一個新手的錯誤，而不是小學生的錯誤。此外，辦事員主管的氣憤根本不同於學校教師的氣憤。學校教師讓人去探索，去尋找他稱為智慧的東西。他不會去考慮損失的公文紙，而是情願將小傻瓜置於自己可笑的傻事之中，這種重複的意識得以強化。而技術人員不是這樣，他甚至責備研究工作，嘲笑自傲自大的人。以這種訓誡，思想在工具面前被拋棄。可以發現這一態度已經寫在埃及人的面孔上。我在其雕刻的頭罩上看到若干相似之處，表現出形態的不足。他們的話語似乎掠過這些猶如盔甲的頭罩的外表。

保持自信有兩種方法。一是在學校感到自豪；另一是在車間，絕不要自傲。這種情況在加法中可以看到，如果在此的理解有誤，可以通過糾錯重新開始，而不是技術性

的計算方式，既快又盲目。會計員只認識數字。相反，人們發現一個高深的數學家在簡單的運算中犯了可笑的錯誤。泰勒斯停下來思考，但總要面對舉起的鞭子。這就是學習的倫理，好就好在時間和地點上。從未做學徒的人是大孩子。但過早做學徒的兒童，很少時間做學生，這就是他全部的機械生活。泰勒斯瞧不起沒本事的人。

思維中有遊戲。但如果有人要求學校只能做遊戲，便更加錯了。學校被遊戲和學習的兩個方向所牽拉，處於兩者之間。它以嚴肅的態度開展工作，但另一方面又脫離工作的嚴峻規則。人們在這裏犯錯，人們又在這裏重新開始，錯誤的加法不損害任何人。如果一個傻子笑自己犯的一個大錯，也不算什麼大事，他的笑是自我評價。你們會發現，我們從來只對已知的錯誤進行爭論，而且只在學校爭論，因為除了我們沒有別人會糾正我們的錯誤。我們被允許隨意行走、蹚水、尋找。「不幸的傢伙，你在那做什麼？」這是車間裏的話語。「給我看一下你做的東西」，這是學校的話語。當學生高興地發現自己的錯誤，並無羞愧的擔心，就是說沒有別人的觀點加入其中。這種另外的謹慎，便是思維。

30 / 理性的人，在犯錯誤時並非不理性

　　思想與事物的性質完全不同。在思想之中，我們可以安靜傾聽而無衝動，任何衝動的人不會出現。在新的經歷中，最有學問的人也不可能解釋一切。為什麼？人構建其思想猶如鍛造武器，思想的歷程非常類似於工具的歷史。如同十字鎬作為挖土的工具，幾何學中的直線和三角便是確定形狀的工具。人們從很小的時候就知道，沒有任何真實的形狀可以用我們的方法絕對精準地描繪，只是可以做得比較接近，正如土地測量員不能準確測定每一塊土地的邊緣一樣。同樣，最早的工具使人製造出另外的工具，最早的思想使人產生另外的思想，而這一次不是靠鍛爐和鐵砧，而是靠畫出的圖形和正確的話語。所有曲線都是直線的女兒，任何曲線都不等於任何物體。被稱為懸鏈線的曲線按照其思想構建已經相當困難，但兩端懸起的懸鏈線與幾何學的懸鏈線相比則是更多組合的事物。

　　古人設想星辰描畫圓圈，這並無大錯。我說，他們在真實之中，因為他們開始於最簡單的事物。而我們，從工具到工具，從講話到講話，我們僅僅說星辰描畫着食缺，但這並不真實。我們要在真實之中，或者要處於思想進步的正確運動中，但我們不等於物體。人們說星球的相互作用，有些偏離了幾何學描畫的路徑。還好沒有哪個星體封

閉其軌道曲線，因為太陽吸引着全部行星朝向武仙座，而武仙座又朝向被稱作織女星的閃耀美麗光線的藍星。

從已知到未知，是我們的運氣，同樣可以說，由簡單和抽象到具體與個別，我們不能窮盡。鴨子撲水只是世界的瞬間，達爾文不能捕捉到全部，但達爾文以其思想獲得的東西要超過你我。依據理論的次序，達爾文的思想是之前思想的女兒。他甚至試圖縮減生物分類，也許還要徹底打破分類，但他首先得思考這些分類，正如古代天文學家要憑水晶球來思考。誰不遵循這條路，就毫無所知。真實的虛無狀態，就是絕對民主。我就像土地測量員那樣尋找何為政府的抽象形式，但有什麼不同呢？然而，急躁的人拋棄所有思想，赤裸裸地投入事物的自然狀態之中，從那裏回來時就像海神格勞科斯[1]那樣掛滿了泥漿和貝殼。我們則將充實着科學，每一分鐘都會給每個人帶來驚奇的經驗，一種匯集人的世界、地球和天空的經驗。當阿基米德在街上狂奔並呼喊「我找到了」時，他只有關於身體漂浮的不完善的思想，但這個思想是幾何學與機械學的女兒，是可以通過抽象的區分與明晰而獲得的未來財富。而我們反覆不定的先知們更像斯多葛主義[2]者所描繪的瘋子，在光

1　格勞科斯（Glaucus）是古希臘神話中一位魚尾人身的海神。（原文為「Glaucus」）

2　斯多葛主義，又稱斯多葛學派，是古希臘的四大哲學學派之一，也是古希臘流行時間最長的哲學學派之一，主張禁慾。

天化日下喊叫,「天亮了」,不遜於真正的瘋子。正如樸素的哲學家所言,理性的人,在犯錯誤時並非不理性,因為他保有不完善思想的次序與聯結,他在正確地思想。我閱讀笛卡爾的卓越的物理學著作,比在晨報上瀏覽翻尋更有意義。

31 / 所有真實的知識都是經驗

　　人們說所有知識來源於經驗，是因為每個人都接受我們時代的信條。我毫不反對。然而我想將這一類核心原理的軸心做一點改變，以便轉向於人並服務於人。我喜歡說，所有真實的知識，無論什麼性質，都是經驗。我曾經聽到，對於真實事物的感知，要麼是眼前的展示要麼是通過其他感官感知。因此，代數學家的思想，便是其方程式運算的經驗，視野隨之拓展，其觸覺通過寫作轉變為數學的項。我引用此例證，是因為它使人驚奇，你們要試圖理解，最精力充沛的思想者如果不能將實施觀察的不變的物體變成概念，他們在這裏也會變得停滯不前或迷失方向。這一通過我們行為思考的看法遠離經驗，它將物體視為圓、拋物線、對數，而我們對這些數學概念的服從，還遜於服從去火星巡遊的規則。因此，抽象進入我們的經驗。

　　現在談另一看法。兒童不選擇物體對象。人們可以想到，兒童會根據簡單、確定的物體構建其最初的知識，這些物體像外部自然界的諸多事物那樣不會騙人。但事實並非如此。兒童的最初經驗是一種共生的經驗，或是密切結合的組織中的共同生活，有着共同的需求、願望、情感、愛好、思想。世界從那裏而來，但並不是直接接觸世界，而是父親、兄弟、小狗以及其他變幻的物體首先構成其小

天地。在那裏，他懂得了愛憐與威脅，在這兩種神奇的態度上他首先寄予了希望，劃定了最初的概念，也成為迷信般的甚至是宗教性的概念，而不論人們是否樂意。兒童並非是在人們製造的自然中的物體，僅僅通過簡單的手勢便會動作和工作，母親要報以微笑，奶媽要讓步於不停的喊叫。兒童因此在所有其他人之前獲得了控制的經驗，他在懷疑嚴格的勞動規則之前便知道任性的強力，他首先像國王那樣思想。人們看到外部經驗佔據了位置，並且還將穩固挺立。心愛的錯誤從每一個痛苦的事實中挖掘出位置。

更為驚奇的是，最初的工作必須由手勢做出。兒童首先學習語言，正如亞里士多德已經觀察到的，兒童自然地將他最初學會的詞語的意思儘可能遙遠地擴展。爸爸這個詞，意味着他的父親和他看到的所有人；面孔這個詞，意味着他父親的面孔和其他所有人的面孔；拐杖這個詞，意味着他父親的拐杖和其他所有人的拐杖。「Lolo」在諾曼底的意思是「奶」，「Lélé」在布列塔尼的意思是「水」。一個孩子拿給我一片梧桐樹葉，他在露台上的樹蔭下舞蹈，對着一線陽光說「太陽，太陽」。這些簡單的發現包含着難懂的思想，或隱藏着什麼東西，這就是錯誤首先在這裏出現。首先認識的是一致性，然後才認識到差異。語言隨即引領小孩去取消抽象，他應當在經驗和外部秩序的壓力下走出抽象，再後來則是依靠教師走出抽象。所有我們的概念，也不排除其他概念，應當具有人類秩序和初步抽象的

雙重特徵，兒童會從這裏繼續其認識。因此，我們最初的思想越過隱喻的狀態，同時所有思想從抽象發展到具體。這便顛倒了洛克的鍋，而您的鍋，尊敬的心理學家，您的鍋，尊敬的教育學家，也要被顛倒。

32 / 需要學習樂觀地對待錯誤

　　騎馬、舞蹈、玩牌，這些均帶給人愉快，但我們需要知道應當學習。當保證享有這種愉快時，別人也能體會到這種愉快。完全準備好的愉快是個例外，或幾乎沒有。煩惱主要來自於人們專注於被讚美的快樂，而不願把自己的快樂介入其中。所有遊戲都可能有教育意義，但需要參與其中。從一種意義上說，需要服從遊戲，首先需要相信其中的愉快。如果相反，在希望中煩惱，正如司湯達[1]所言，要看這個好計劃的結局。

　　這裏的核心錯誤也許是人們要求事先知道，而不去嘗試，人們要獲得的是按規則玩橋牌或投球的那種愉快。然而，什麼沒有理解，就沒有任何愉快。贏的理由看來極其簡單，補償了對輸的擔憂。當人們的行為和外部條件相一致時，也許總是使人愉快的。生命的職能是適應各種情況，在新的問題面前獲勝。對於新問題，人們要有足夠認識，並以自信去面對，相信能夠戰勝。對於事物也是這樣，人們覺得膽怯與將要做的蠢事的感覺相反，在膽怯面前，人們可以挺住。在馬背上能夠挺得住的人感覺可以鎮

1　司湯達（Stendhal，1783 — 1842 年），19 世紀法國批判現實主義作家，代表著作為《紅與黑》（1830 年）。

住這個牲畜，但卻落下馬。需要看到，人的所謂偉大是值得懷疑的，偉大者可以自甘墮落，甚至預見其不幸時自我安慰。

我順着這個迂迴，去尋找人們關於思想構成向我提問的正確解答。一些人根本不喜歡數學，恨不得咬它一口。另一些人則發誓一點也不欣賞音樂。他們是否缺少能力，或者他們有過失足的不幸，正像一些繞開障礙物的膽小的馬匹。無論如何，我更相信這是不該有的想像，其實人們在兒童面前都可以認識到自己的能力，人們在馬匹的大塊肌肉中也會看到它的野性。會更驕傲嗎？需要更加注意兒童和成人的決定。如果他總是做出將要失敗的決定，他永遠都會失敗。而當他戰勝最美好的愉快，他也能孤注一擲地戰勝不幸。他會遇到問題，也可能碰到痛苦，當事先告訴他過不去這個坎，他便會在那個地方失足。每個人都會有這種感覺，人們會說一些蠢話，會痛苦地放棄一些利益。我甚至說是自豪地放棄，因為人總是躲避，躲避憂慮。相反，人應當勇敢地面對一些事物。

在這樣的關係中，兒童比成人更具人性。他急於自我判定，他趨向自己的不幸。他隨即說，「我總是不明白。」經常如人們相信的，這是不可逆轉的。教育的全部藝術在於，絕不要把兒童推向頑固之點。什麼意思？考慮一下他能夠越過的障礙，首先不要點明他的全部錯誤。也許應當稱讚他的優點，忽略其他，什麼也不說。雜技與體操表演

者懂得摔倒，這也是另外一種訓練，也顯示其優秀，因此他們上百次地嘗試，同樣地快樂，同樣地靈活。需要學習樂觀地對待錯誤。一些人不喜歡思考，是因為害怕犯錯。思想，是從錯誤到錯誤。什麼都不是完全真實。同樣，任何人唱歌都不會完全準確。那些把數學作為可怕驗證的人，絲毫不遷就錯誤。泰勒斯、畢達哥拉斯[2]、阿基米德從不講其錯誤，我們也無從知曉他們錯誤的論證，真是遺憾。

2　畢達哥拉斯（Pythagore，約前 580 —約前 500 年），古希臘數學家、哲學家。

33 / 教師應學會教學，不要企圖教授所知道的全部東西

　　有人自從開始接受師範教育，就沒有受到好的教育。那些全面回顧路易十四[1]那個世紀，想要恰當地、按次序地說上一兩小時的人，根本不會教歷史。我寧肯說他忘記了歷史。但如果他讀了莫特維爾[2]、聖西門[3]或沃邦[4]的著作，才可能會教歷史。同樣，一個從流體靜力學提取一些東西為兒童上課的人，用玻璃管的水泵加以演示，但兒童不僅學不到任何東西，而且隨即忘掉。他要教書，還要讀丁達爾[5]、赫胥黎[6]、萊爾[7]、麥克斯韋[8]或馬赫[9]的著作。由此

1　路易十四 (Louis XIV，1638 年 9 月 5 日—1715 年 9 月 1 日)，法國波旁王朝國王，1643 年至 1715 在位。

2　莫特維爾夫人 (Françoise Bertaud, Dame de Motteville) 生於 1615 年，卒於 1689 年 12 月 29 日，法國文學熱衷者。

3　克勞德・昂列・聖西門 (Claude Henri de Rouvroy, Comte de Saint–Simon，1760 年 10 月 17 日—1825 年 5 月 19 日)，法國哲學家、經濟學家、空想社會主義者。

4　塞巴斯蒂安・勒普雷斯特雷・德・沃邦 (Sébastien Le Prestre de Vauban，1633 — 1707 年)，法國元帥，著名的軍事工程師。

5　丁達爾 (John Tyndall，1820 年 8 月 2 日—1893 年 12 月 4 日)，愛爾蘭物理學家。

6　湯瑪斯・亨利・赫胥黎 (Thomas Henry Huxley，1825 年 5 月 4 日—1895 年 6 月 29 日)，英國生物學家。

7　查爾斯・萊爾 (Charles Lyell，1797 年 11 月 14 日 —1875 年 2 月 22 日) 爵士，英國的地質學家、律師。

8　詹姆斯・克拉克・麥克斯韋 (James Clerk Maxwell，1831 年 6 月 13 日—1879 年 11 月 5 日)，蘇格蘭數學物理學家。

9　恩斯特・馬赫 (Ernst Mach，1838 — 1916 年)，奧地利—捷克物理學家、心理學家和哲學家。

可以設想這樣連續不斷的教學的可笑之處，在高級階段，由初等師範學校的教師教授中級班學生，而這些學生是為七歲學生講課的師範生。在這樣良好的系統裏，所有人都回到七歲的時光，幾乎都在說哺育者。這就是摘掉假面具的目空一切的教育學。

我想要的是自己能夠學習的教師，是從源頭學習的教師。高等教育便從源頭教起。未來小學教師就要走向高等教育，他要根據自己的興趣，修完三或四個文憑，兩個文學文憑，兩個科學文憑。但這之後，他也不能把所有知道的東西一股腦地灌注到小學生的班上，因為小學生還在學習拼寫。教師應當學會教學，不要企圖教授自己所知道的全部東西，而是出其不意地指明一些細節，因為這是引人注意的時機，年輕的頭腦中的思想脈搏永遠無法把握。通常來講，我看到的小學課堂是教師不做什麼事，而是兒童忙碌的場所。這些課根本不應像下雨那樣紛落，兒童也不應交臂傾聽。兒童應當閱讀、寫作、計算、繪畫、講述、抄寫。古老的教練員系統在此重現，因為對於拼寫或計算的最嚴重的錯誤，無論教師是放任，還是全部改正，都是荒謬的。黑板上的許多練習，總是要在石板上重複，特別是要慢，要重來，要留有充足的時間，這對教師並無大礙，對兒童卻有好處。也還要用許多時間督促兒童保持筆記本整潔，抄寫也是需要思想的行為。最後，要使教室成為一種作坊。美術教師在學生面前繪畫，你們怎麼想？同樣在作業中有極小變化，閱讀加上朗誦，是全部學習的

方法。

　　教師在高處監督着，從備課中，從疲勞的獨白中解脫出來，也從一再重複而不是學習中解脫出來，從可笑的教育學會談中解脫出來。教師解除了疲勞，為自己保留了時間，如果他想首先從源頭學起，便可以不間斷地學習。這便是在兒童思想飛躍的寶貴時間裏，用幾句話對教師的指引和啟迪。為了迎接這樣幸福的時刻，總是要求兒童閱讀、寫作、背誦、繪畫、計算，像是在工地上勞動，充斥着兒童們的嘈雜聲。教師聽着，監督着，而不要說話。應當是偉大的著作在說話，有比這更好的嗎？

34 / 神采飛揚的講話最不值錢

　　我聽過一個大人物上的課，他或是嘗試吸引注意力，或是快速講話，說一些重大而美好的事情。但很難對我有什麼啟發，因為我認為，這種神采飛揚的講話最不值錢。我擔心人們都走掉，只剩他一人。然而我還是繼續聽他講，並像在記錄他所談及的思想那樣書寫。我把這些內容轉變成一堂聽寫課。我記得一位老先生或是在抄寫拉阿爾普[1]書中的精細判斷和閃光的語句，或是在創作。他可能隨着某個突然而至的人的聲調和姿態讀着或背誦着，他經常把一個詞讀成另一個詞，例如，不是讓－雅克·盧梭[2]而是耶穌基督，從而引來一種無法預見的思想。這是聽寫課還是演講課呢？

　　家長擔心一切。初中生經常做一些被要求提交的難弄的測試表。對我來說，我絲毫不覺得聽寫課有什麼不好，如果課是好的。我感到需要指責的是演講課，即使課是好的，學生帶來的也只是不完整的隻言片語。我特別擔心那

1　讓－弗朗索瓦·德·拉阿爾普 (Jean–François de La Harpe，1739 年 11 月 20 日—1803 年 2 月 11 日)，瑞士裔法國作家。

2　讓－雅克·盧梭 (Jean–Jacques Rousseau，1712 年 6 月 28 日—1778 年 7 月 2 日)，法國 18 世紀偉大的啟蒙思想家、哲學家、教育家、文學家，18 世紀法國大革命的思想先驅，傑出的民主論政家和浪漫主義文學流派的開創者，啟蒙運動最卓越的代表人物之一。

些活動課，正如他們所說，其中有十分之九都是糟糕的吵吵嚷嚷。慶幸的是，它什麼也沒留下，但時間浪費掉了。說錯了，不如什麼都不說；說得好的很少見。對於值得關注的，不只是需要寫一遍，而是要寫二十遍。書寫，既美又好。一個有經驗的人說，「我所說的，應當在黑板上體現，同時要寫在筆記本上。這是對思想的檢驗，而沒有別的辦法來檢驗。從未有任何演說家在講話時思想，也從未有任何聽講者在傾聽時思想。《時代》[3]吞噬着自己的孩子。這就是為什麼共同的語言將無任何變更而重現的表述稱之為思想。通過救助這些有韌性的東西，思想從黑暗的王國中走出。這就是為什麼書寫行為與思考沒有任何如人們有時輕率地說的那種對立。需要一種由身體跟隨思想的行動，我在那裏看不到任何比帶領我們沉思的書寫更好的東西，因為我們的沉思總是漂移不定和脆弱的。但書寫同所有其他實踐一樣也是教學，那些在教學中真正思想的人沒有任何說出來的使命。正如諺語所言，「愛出主意者絕不是要掏腰包者。」

這個經驗者繼續說，「人們總是說得很快，不僅對他來說太快，對別人來說也是太快。如果我拿起粉筆，寫上我所說的，他們仍然感覺太快。以我這老者自居，如果運氣好的話，數次課中也有一次課無人講話。我想加深銘

3　《時代》(Le Temps) 為 1861 — 1942 年在巴黎發行的法文日報。

刻偉大人物的思想，有時是我自己的思想，但聽講者總是各自有不同的記錄方式。以單獨面對學生的方式教學，老夫人和她的車夫會學到一些東西。最低等的鋼琴師更注意『多』或『發』音階，而思想者從不關注其他人的思想，甚至他自己的思想，這不是一件令人驚奇的事情嗎？傳說中講到，如果想從普羅透斯[4]那裏獲得某些東西，需要把他用鎖鏈縛住。但是在公共課程中誰能縛住普羅透斯呢？維吉爾的一些詩歌也許被無數遍地抄寫或被無數遍地背誦。我們的人文主義者拯救了思想。但他們緩慢的方法距離我的寫作方式並不遙遠。」

4　普羅透斯 (Protée) 是希臘神話中的一個早期海神，荷馬所稱的「海洋老人」之一。他有預知未來的能力，但他經常變化外形使人無法捉到他。他只向逮到他的人預言未來。

35／不能閱讀或不能書寫的課程都是浪費的課程

　　所有人都來聽後續課。一個想通過這一方式學習的人，不希望看到如此呈現的概念，便選擇了英雄史詩的部分，並用一小時進行速記。他記錄了全部，只是在聽的過程中注意做一些重點標註。然後，他毫不費力地謄清了全部講稿。需要看到這種重建的工作比其他任何人都能鍛煉判斷力。那些標註等待我們，把我們重新帶回到課堂，而通過想像不會使我們迷路。我們在整體上熟悉這些思想，在預設的思想和更好確定的標註之間，我們進行有把握的思考。我們創新而不是創造。我補充說，同樣在速記工作中，通過這些規定的和輕易的動作，可以保持身體處於靈敏狀態，具有事先短暫的注意，進行自由與公正的思維運動。對於課堂授課這已經足夠好了，但需要兩個條件，一是講課中要有板書，一是注意講課的形式。那些學生適合課堂授課，人們都不難理解。

　　初等教育通常由課堂教學開始，至少是未來的教師都接受由不懂這一職業的雄心勃勃的教育學家進行的這種培訓。教師則根據其經驗以完全不同的方式練就，正如人們所想的那樣，但他不能完全輕視課堂教學，因為有抽象教育學的代理人，這就是督學。督學的責任不是看兒童是否學到某些東西，而是看教師是否在工作。如果教師在教育

家代理人的眼下，超過一次地用一小時的時間教學生寫一些常用詞或簡單例句，即使是他應當這樣做，督學也會認定教師職業有點太過容易。因此，無聊的歷史與道德課，實物演示課長久持續，更無聊的是，兒童不理解那些詞彙的意義。

人們都很明白，一個小學生不可能撰寫文章。如果向他提出重寫剛剛聽到的一句話，則是一個不錯的練習。但是，只能有三十個學生，並需要半小時來練習寫一句話。教育學家毫不掩飾地認為進展很慢。再說，小學生沒有能力飛快地記下註解。他們所有人只能交叉手臂，盯着老師的臉，就像注意看一個變戲法的人。面孔上的表情有很大的迷惑，沒有比接收言談，只知點頭的聽講者更傻的人。只是教育學家兼督學完全不了解這些，這猶如一個憲兵來監督教師備課。監控的職業變得愚蠢與無知，毫無例外。我知道許多督學都是這樣行事，其熱情令人欽佩，這很好，但卻不能給他們帶來任何思想。需要說的是，孩子們不能閱讀或不能書寫的所有課程都是浪費的課程。還需要說的是，這些多嘴多舌的教育學家，以使已經艱辛的職業變得不可實施而告終結，而他們對此卻毫不知曉。

36 / 全部文化的姿態就是謙遜

　　如果教育學家不去捕捉其他獵物，教師會懂得許多事情，而學生們卻什麼都不知道。只有一種方式能夠在兒童的頭腦上刻印拼寫與語法規則，這便是重複再重複，這便是糾錯與讓他們糾錯。兒童在大家的注視下覺察到自己在黑板上的錯誤，重新用粉筆寫出語法變位。如果讓他理解分詞的對應關係，並同時注意拼寫，不是需要他寫一個例句，而是需要寫十個例句。所有兒童都要把這些例句寫在板上，然後再抄寫到筆記本上。這些練習會花費時間，需要用一小時來練習一個句子。鋼琴教師對一個兒童在一小時內學習這樣少的東西毫不驚奇。教育學家瞧不起所有工坊都實行的這樣笨拙的方法。督學對一個用二十個例句糾正十個錯誤的教師說，「你什麼時候開始上課呢？」

　　上課，就是看着三十個豎起的腦瓜講話，就是對照分詞規則展示錯誤的語言表述，就是激發兒童的注意力、記憶力和表達力。這些能力為講演者和報告人所熟知，也就是運用聲帶，並會引起一些頭痛，就是強迫自己把佔用一小時的兩節課裝進腦袋裏。我可以說，每個上午三節課，下午兩節課，如果課程安排繼續文學課的話，我敢說這有些過分。然而，有許多好書，如果孩子們輪流閱讀而不是聽講，所有課程同時又是一種閱讀課。人們說，閱讀是很

困難的一件事。人們認為，全部文化的姿態就是謙遜。但有教育學家在監督，他們需要富有表情的、動人心弦的、生動活潑的課程。

你們發現，經驗已經是這樣。八天之後，記憶中課堂上課的內容所剩無幾，而十五天之後便蕩然無存。通過背誦、閱讀、抄寫和再抄寫，兒童最終會保留一些東西。所有人都知道這些，但督學坐在教室裏，就像在劇院裏聽編排巧妙的獨角戲，或聽一段規定好的會話，由事先設定好位置的兩三個兒童回答指定的問題。然而，好的方面是督學根本不聽教師所講，而只是關心兒童所知。如果我評價一堂鋼琴課，我會聽兒童的彈奏，而不是教師。如果兒童知道他應當知道的，我便請求教師向我傳授他的教學法。但僅僅通過這一發現，人們可以看到，我的出生毫不重要。「聰明的人不用學習便知曉一切。」

37 / 偉大的位置真是不能給予所有人

　　課堂授課是在浪費時間。記筆記毫無用處。我發現，在兵營裏，人們不僅以清晰的方式解釋步槍的構造，而且每個人都被允許去拆解與安裝步槍，同時敘述老師所講的同樣詞彙。那些沒有這樣重複做，重複說二十遍以上的人，就不了解步槍。他只記得聽過了解步槍的人講話。不能只通過看繪畫極好的教授來學習繪畫，也不能只通過聽演奏家彈鋼琴來學鋼琴。同樣，我經常說，不是只聽一個能演講、會思想的人講話就能學會寫作，學會思想。正如人們所說，需要嘗試，需要做，反覆做，直至進入職業之中。

　　我們的課堂從未有工坊裏的那種耐力，也許是因為教師對自己的講話自我欣賞，也許因為他的職業生涯就依賴於他展示的長時間獨自講話的這一才能。教學的目的也可能就是為了區分那些善於模仿與創造的精英，因為偉大的位置真是不能給予所有人。應當學習軍事教官的嚴酷耐力，要求所有人學會拆裝步槍。因為這不是關係到兩三個教官所教的職業，而是所有教官的職業。如果強調思想、講話、書寫是人的武器，而不是用幾個月時間在他們面前拆裝步槍的全部系統構造，我想用所有講話與推理的方式說，那就讓他們把所有零件都動手拆卸，直至裝配一件武

器，然後再裝另一件武器。最熟練的人毫無損失，因為只要重做一次便可以再掌握並熟悉這一技能。而另一些人總是缺少這種指頭上的技能。例如，有個人要寫劇本。我對他說：「或是演員，或是提詞者，或是抄譜者，如果你能夠做這一行的所有工作，同時寫二十或三十個劇本。然後再看你是否有能力寫一個劇本。」

如果這樣考慮，那麼課程是什麼呢？請看，你在聽課者面前說三句話，而不是快速地書寫。每個人應當隨即寫出工整的三句話。靈巧的人變化不大，他們是創造者。不太聰明的人寫出的錯誤明顯，但容易改正。老師檢查所有這些作業，並分類擺放。之後，他們學習在兩句話之間插入一句話，或在三句話後面補充第四句話。有差異、有創新的便是最佳的句子，可榮幸地寫在黑板上，並在最後擦掉。然後，擦掉所有句子，讓大家重寫、背誦，在背誦中找差異，尋找好的例句，變換例句。有人說，這樣時間太長，但毫無效果的工作有何用處？

這種方法的最大弊病是難以實踐，因為方法不像空氣。教師不會拿出一組改正好的作業和二十頁的備課本，他也不像其他勞動者那樣累。他相機指導，如果有所不知，可以隨時打開詞典查看。時間過得很快，督學感到工錢馬上到手。他還感到，當年輕觀眾欣賞雜技時，一個充斥謬論的思想者正把孩子推向深淵。

38 / 成功或失敗，都可以重新開始

　　常規閱讀會有一些令人驚奇也難於處理的問題。當問題根本不能解決時，也不能區分會閱讀的人與根本不會閱讀的人。結結巴巴地朗讀毫無用處。當精力放在構詞上，思想便會流逝。當一句話像蛇一樣從洞中出來，又立刻進入另一洞內，這一閃光的瞬間，可能就是新課，就是優秀的課。人們說，我們現在生活在快節奏中，被機器所裹挾。毫不誇張，人們週日的散步總是同一步伐，不缺少成隊的閒逛者和道德敗壞者，也不缺少留意舊桌子和舊家具的古董收藏者。我們在此獲得成功，迅速地做那些不值得人們在意的事情。費力地讀一份報告是可笑的事，需要學會瀏覽，大部分報紙的內容應當迅速瀏覽。看看題目，看看重要的詞就已經足夠了。簡單地說，應當像音樂家練習音樂那樣學會讀書。

　　我們處於自我閱讀的時代，邊讀邊聽。這個講話者在自言自語，說城市距離這裏五公里，說法國人在演《安德羅瑪克》[1]。這個講話者不是那個時代的人，他完全不懂閱讀。甚至他為別人高聲朗讀報紙，相當注意聲調與符號的

1　安德羅瑪克（Andromaque），古希臘英雄赫克托耳的妻子。法國詩人拉辛（1639－1699年）作同名戲劇。

關聯，但我不敢保證他懂得他所唸的東西。閱讀藝術中講話這部分應當抹去。我想，當我閱讀時，聲調沒有用處，也浪費時間。人類的存在迅速地影響習俗。我問自己，小學生通過高聲朗讀練習，能不能學會緩慢閱讀。此外，在所有依賴機械主義的思維活動中，自開始就需要對速度予以鼓勵，因為遲鈍經常被我們理解為愚蠢，也是一種狂躁症的表現。口算，是我們教學法新的閃光之處。教師和學生在其中不斷創造新方法，以避免出錯。這種練習對於思維是有益的，是對機械主義的蔑視，是高屋建瓴，是擺脫束縛，是與學習走步、跑步、攀登、游泳、捉兔的人具有同樣的學習方式。

　　但是閱讀不敢疾跑，它要有自己的尊嚴。正如有人所言，人們以莊嚴的步伐閱讀。人們經常說應當慢慢地學習，避免快進的方法，但我不同意這樣。我發現做得快反而更容易，為什麼？因為人們可以以此擺脫導致愚蠢的錯誤的思想、一時的夢想。當注意力滯後，也就轉變了方向。在這方面，我有一次偶然捲入戰爭的經驗。我曾經教一組信號兵學習莫爾斯電碼的字母[2]，但他們完全就是文盲，只能通過聲音教授。經過一段探索，我確信練習中加

2　莫爾斯電碼 (Morse) 是一種以點和線表示的信號代碼，通過不同的排列順序來表達不同的字母、數字和標點符號，由美國人艾爾菲德‧維爾 (Alfred Lewis Vail) 與薩繆爾‧莫爾斯 (Samuel Finley Breese Morse) 在 1836 年發明。

快速度時也能激發注意力。口算的情況也是這樣,速度絕不能與準確分開。那麼如何做呢?只要首先選擇能使學員快速進步又不出錯的練習,結果是不必錯誤地實施由慢到快的方案,只需要由簡單到複雜,快速地前進。我發現這樣的嚴厲方法會使人高興,同時還能培養人的性格。人們教授計算,就像教人穿過馬路。不是慢慢地行走,而是要選擇時機,學會安排自己,做快些,不要有任何膽怯。

如何將這些規則運用到閱讀?需要讀那些在幕布上短暫出現的句子,然後將其遮蔽,讓人寫下剛剛讀到的句子。通過同樣練習,人們也學習拼寫。再認看到的一個詞和一句話,就像再認一個人。人們或成功或失敗,都可以重新開始,重振精神。人們也可以展示一塊標牌,然後收起,重要的可以重現,可以看到這就是思維的練習,就是判斷力的練習。不要指望散文家密集的篇章,從整體到具體,將由探索的目光有效地予以解釋。不是講話結巴的人,而是那些碰到難懂詞彙的人,思想停頓為小片段,這便形成了結結巴巴的思想。他們在門口爭吵,卻不得入門。

39 / 整體思想才是思想

　　學會閱讀，不是僅僅認識字母，把字母連起來發音，而是要快進，一眼就能看到完整的句子，就能認識詞彙的帆纜，就像水兵認識自己的船艦。忽略那些微不足道的東西，跨越主要的困難，就像能夠讀懂音樂的人那樣。這樣的快節奏並非沒有危險，然而卻可以從中獲得猜測的愉悅。這個節奏不是小學生把鼻子貼在書上，一個音節接一個音節地那樣讀。這樣費力的拼讀，會麻痺注意力。需要快速閱讀，但會陷入嘟嘟囔囔的發音。有一種能夠重新認識字母的巧妙方法，做到再認字母毫無困難。我不相信人們在尋找能夠激發整體思維，擺脫拼寫困難的方法。比較聰明的學生可以從拼寫困難中走出，還需要引導其他人從中走出來。我相信，這些人經常因遲疑不決和缺乏自信而滯後，他們像翻地那樣閱讀，一個土塊接一個土塊，完整的思想被鐵鍬劃斷。我還相信，大膽的男孩把音節一個接一個地劃除掉，即使翻遍《聖經》也毫無長進。不是所有職業都要慢，在這裏暫且不提。一步一步，可以遠行，至於閱讀，重要的不是到達行尾。需要從這裏開始，然後重啟。勞動的品德並非閱讀的品德。

　　在背誦競賽時，一個在記憶不準確時小有作弊的人，不是想獲得好的名次，而是要避免懲罰。旁邊的人把他的

書移過去，打開到恰當的位置，瞄一眼便可找回準備好的記憶，收集到一組寶貴的符號，而這些符號並未遠離他的視線。每個人都懂得，即使知道差不多是什麼，但距離背誦出來還差很遠。這是極好的訓練。我不知道為什麼兒童有時不能背誦差不多記在心中的課文。也許可以向他顯示部分遮擋的文字，就像打開燈光顯示牌那樣。一個哲學詞彙就像難以徒手攀爬的暗礁，但詞彙的整體卻像一個手推車或火車頭那樣容易辨認。如果這樣的詞彙在閃電般的瞬間全部出現，思想會在其間更好運行，由它判斷和主導。一個短語，甚至插入的複合句，看上幾次後，哪怕消失，隨後也可認出。通過這樣的訓練，思想處於警覺的狀態，不必去應對音節的困難，只需實踐這一閃現的判斷，有時文盲的判斷比其他人更為活躍。注意力像跳躍那樣準備去應對一切，不僅去閱讀，還要去思想，而且兩者從不是相互分離。然而，音節毫無意義，甚至一個詞也無大意義。是一句話解釋着一個詞彙。

我乘公交車時像其他人那樣自尋樂趣，讀着貼在玻璃窗上的廣告牌，但文字卻是反向的。我就像文盲一樣，因為我輕鬆認識每一個字母，但對整個詞彙卻完全陌生。我一個字母、一個字母地拼讀，但從未輕易地一下子就認出來。沒有人注意到我在認字，也沒有人能讓我像認識人的面孔那樣認識一個詞。如果我能夠從下巴、鼻子、眼睛等部分認識面孔，我也絕不會真正認識人的面孔。此外，

如果我們思想的規則是從具體到整體，我們的思想便永無收穫，因為任何具體事物相互分離，無任何目的。整體思想才是思想。因此，學習拼讀，無論如何都是非常糟糕的開始。

40 / 如果缺乏對思維困難的思考，所有教育創新都是無價值的

　　我不考慮他所說的，因為他所說的與他所想的還不是一回事。聽聽那些嘮叨話吧，想的總是比說的慢一截。我現在說的話，覆蓋了之前剛剛說的話。每個人都知道，這些說話者總是在思想的節點上。談話本身沒有節制，因為從某種意義上說，談話總在繼續，每一段話承接着前一段話，但有什麼意義嗎？一個姿態接一個姿態，都在一個意義上。一個人向聽他講話的人揮舞着雙臂。但通過更隱蔽的器官的作用，一個詞接一個詞，低音接着高音，從捲舌音到摩擦音，談話就是這樣。我聽說過有人講這樣的理由，他的嘴不能保持同一狀態，他的喉嚨也不能以同一方式震顫。談話的規則就像大海濤聲那樣均衡不息。所有爭論都是由這種忘卻的記憶而引起。

　　如果缺乏對思維困難的思考，所有教育創新都是無價值的。人們讚揚兒童能說會道，我聽到一個大人物就質疑說，鳥的歌唱其實是一種無知識的模仿，如果訓練有素，老烏鶇也會模仿。很難輕視這些智慧的和諧一致，在那裏智慧只為別人，毫不為己。當兒童不會正確地重複他所說過的話，當他也不思考他所說的話，最終當他不想他所想，便什麼事都沒做。人們看到，一些尋求智慧的無知者特別依賴樸素詩歌中的諺語，其中的數字和韻腳被看作重

新找到思想的標誌。這種想法逐漸強化，但毫無進展。越是完美的詩篇越能禁錮思想，詩歌順從於思想，卻不能從思想中解脫。

得以解脫的是散文。散文促進了值得歌唱的記憶。只有可閱讀的散文，會閱讀便是一切。每個人都懂得，會閱讀的人可以自我培訓，但會閱讀的品德並不都在那裏，而是憑藉這個不變的物體，即黑在白之上的書的品德，存在於閱讀的最初時刻，存在於懂得人們所說的那個美好時刻，存在於擺脫記憶與迷亂的時刻。我們自己思想的模式，即席之作保留下來，自由之作固定下來。保留下來的不再是節奏，而是事物。這就是我試圖保留思想而不喪失思想的經驗。

曾經有諺語、詩歌、永恆敍事的年代。至於信仰的年代，人們相信真實與否並不重要。在古老的傳說中，完全可能有好的意義。但由於記憶不可避免，擔心迷失方向，思想卻成為奴隸。也許需要指出，在古老的智慧中，根本沒有希望存在，總是只有相同的路和相同的目標。同一秩序、同一速度、同一休止，這便是記憶的王國。閱讀，首先要糾正錯誤思想的恐懼。邊唱邊讀，僅僅是學習。讀眼神，檢驗不變的物體，瞥視探究，複讀，這是閱讀的優化。通過書寫藝術的完善，冒險的思想在這裏獲得一種支持，這是一種希望的開始。需要通過閱讀、再閱讀、抄寫、模仿、糾錯、再抄寫的混合練習，甚至是印刷，來

瞄準這樣的目標。難道這不是兒童不具備思想、驗證、糾錯、清理這種結構模式的原因嗎？此外，書寫時模仿印刷形式總是好的，因為當前印刷是思想的國王。因此，總是依據古老智慧中思想永恆的規則，人們在保存的同時一點一點地變革。這便是同一運動中的懷疑與相信。

41 / 一切美好的事物都難以獲取

教師，作為一個有經驗者，向其助手一說再說，原則是閱讀和再閱讀。「無論是歷史，或物理，或道德，書籍總是首要的教師，而你只是書籍的助手。你要從服從書籍開始，自己需要先清晰地、用心地閱讀，然後再讓兒童讀相同的頁面，並且不止一遍。要保證每個人低聲閱讀，並注意到有人在監督。經常出其不意地變換閱讀者。我承認，這不好玩，但我們在這裏不是為了娛樂。」通過這樣的嚴厲方法，他終於使那裏幾乎沒有文盲。但督學的長袍還是在這裏晃蕩。

有一天，一下子來了三個督學。他們依據其重要地位先後走來，由一位老教師陪同。年輕教師毫不膽怯，但也沒有勇氣讓孩子們結結巴巴地講話，也不敢讓他們發齒舌音、捲舌音和喉舌音。從歷史課文朗讀開始，正好是敍述部分，所有孩子都交叉雙臂，眼睛盯在書本上。諾曼底人登船而來，接着是搏鬥、搶劫、簽約、婚慶。好國王羅龍[1]，吊在樹上的珠寶，城堡與諸侯，徵召告示與被徵召的軍隊，王旗與甲冑，歌劇的背景裝潢。他還描繪了塞納河的地圖，沿着彎彎曲曲的河岸和陡峭的山岩，人們相信會看到諾曼人像螞蟻一

1　羅龍（Rollon），傳說逝於 928 — 933 年之間，維京人首領。911 年，羅龍停止掠奪，並被授予魯昂周邊領土國王之位。百年之後，這塊領地成為諾曼底公國。

樣奔跑與攀爬，另一些像螞蟻的諾曼人在執行警戒。兒童對這種不同的學習方式產生極大的興趣，似乎可以看到他們說話的眼睛，並對三個極其滿意的督學瞟了幾眼。

三人中的最年長者說，「活躍的課堂。」「我也想這樣說」，第二個督學隨即贊同。第三個揮帽表示同意。接着長者又說，「應當使兒童感興趣，這就是全部。」簡單地說，兩個教師獲得了上千句好話，兒童們也得以休息。

當天晚上，老教師向年輕教師說：「是誰消除了三期《十字》日報的影響，我們的主管非常擔心這份報紙。你能捉弄這三個老孩子，我感覺是一件不錯的事。他們是建立在可憐的虛榮之上的弱者，而不是職業的學習者。對待老孩子如同對待小孩子一樣，但是，我的朋友，對待年輕的兒童，應當像對待成人一樣，就是說其中有無法預知的困苦與注意，以及及時見到成果的棘手藝術。正如諺語所講，一切美好的事物都難以獲取，不會拉小提琴的人無法體會其中的樂趣。此外，我毫不感到奇怪，今天這三個土裏土氣的先生中的一個人有些瞧不起你，因為這不是在他們父母家，其父母會教他們尊重出售快樂的商人，尊重顯示畫片的人。重大的事情不是喚醒這些小人的智慧，因為他們太狡猾，而是根據印刷品來規範他們，這些印刷品是我們的建築物，是我們的大教堂。紀念塔對峙紀念塔，但更好地說，應該是紀念塔之上的紀念塔。幸運的是，雄辯術的時代已經過去。」

42 / 閱讀才是學習之路

人們發現有很多文盲。如何會出現其他情況呢？初等教育的課程超出了可笑的地步。小學成了縮減版的大學，唯一的教師被首先要求無所不知，要在半小時的課上全部講完，要像講座者那樣把講課內容準備在幾頁紙上。實際上，教師立刻忘記了這樣宏偉的教學法，而是開始了解其職業。當其學生學會閱讀、書寫和計算，他相當高興。然而，一個演講者顧問這樣探究，如果課程中的內容都不被忘記，一些衛生、農業、烹飪、物理、化學、社會學、倫理學、美學知識將會有用。演講者們相信，他們獲得了一些東西。

會有這樣的情況，教師，特別是年輕教師喜歡誇誇其談，學生也不是沒有興趣聽講，其實這是懶惰之計。但是，僅僅聽講則什麼也學不到，閱讀才是學習之路。然而，在某個地方的一所模範學校裏，時間按點數計算。在那裏的一些簡單經驗展示的技巧課上，在燈光的照耀下，孩子們目不轉睛地看着引人注目的各種標記，你可以肯定，學生在那裏根本不會閱讀。演講者也不會去經歷這些，他們認為這樣時間太長，太煩，完全在他們的感覺之下。這是老師評價孩子們的事，這是督學評價老師的事。這就是為什麼督學滿意地聽一些關於心或肺的課程，並有

一些來自肉店的實物展示。可以肯定，文盲對這些事物感興趣，記住一些浮淺而無用的道理，只是他不會閱讀。

書寫與計算比較容易學習，而閱讀則有些困難。我輕鬆地、毫不費力地、精力充沛地聽人朗讀，以致思想與文字相脫離，也不能注意其意義。我認識一個文盲，正是當兵的年齡，有心學習閱讀，但很費勁地學習拼讀。他的一個朋友問道：「你的報紙說什麼？」他回答說，「我什麼也不知道，我只是讀。」他只注意把字母發出音來，這用去了他的全部腦筋。需要超越這個時間段，這只是閱讀的奴隸。然而，成年人通常達不到。兒童卻可以，條件是閱讀，再閱讀。如果他走出學校時還是嘟嘟囔囔、結結巴巴地講話，就不會有任何閱讀的興趣，他甚至會忘記他說過的一些話。

如果我是演講者的主管，我會把小牛的心和肺送還給肉店。所有的課將是閱讀，人們讀歷史，讀地理，讀衛生保健，讀道德。如果人們從這些讀書中掌握閱讀的藝術，我認為就已經足夠了。我將把一切類似雄辯術的課程從我們的學校趕出去，甚至解釋閱讀的評論也不保留。人們閱讀，不斷地閱讀，每個人輪流高聲朗讀，其他人跟隨低聲朗讀，教師監督着，這就足夠了。對教師的評價要根據他的學生們所知道的，而不是根據他所知道的。我不去問學生是否知道大革命歷史中的一些事件，當然他可以像觀

眾，像優秀音樂家聽音樂那樣輕鬆、愉快地讀米什萊[1]的著作。哎呀！我充其量知道四度音程和五度音程、旋律與和弦，我就是音樂的文盲，我讀不懂音樂，只會拼音符。由於缺少這些只能在兒童時期學習的基礎知識，高級知識對我來說幾乎無用。

1　儒勒・米什萊（Jules Michelet，1798 年 8 月 21 日—1874 年 2 月 9 日）生於法國巴黎，為法國歷史學家，被譽為「法國史學之父」。

43 / 都知道會有失敗的結果，就不要去嘗試設想

有這樣一所為一定年齡兒童建立的公立學校，此校有六個班級及六位教師。假設我是一個理論家，承擔督學角色。我發現這六位教師具有不同的能力，我決定每個人僅僅教他們掌握最好的課。這很合情合理。於是，一個教師從一個班級到另一個班級，只教書寫、繪畫和幾何，另一位教師也是從一個班級走到另一個班級，只做關於聖女貞德[1]和貝亞德[2]的精彩演講。還有一位教師只講法語語法，再有一位教師只講道德。所有懂點教師職業的人都可以預言結果。根據預言，結果是令人唾棄的。為什麼？告訴我為什麼？下面的原因不可忽視，因為它們是不可戰勝的。

這裏講一講紀律問題，只講紀律。教師，唯一的教師，保證一天面對兩次有四十個學生的班級的秩序，是可行的職業。但保證六個班級的秩序，並且一週只去一次，僅僅講一些東西，這便是不可行的職業。高中教師十分清楚，但他們並不樂於這樣做。受過訓練、了解這一職業並有職稱的人，每天都在學校，會受到其基本班級學生的

1　聖女貞德 (Jeanne d'Arc，1412 年 1 月 6 日—1431 年 5 月 30 日)，一位法國農村少女，她在英法百年戰爭 (1337 — 1453 年) 中帶領法國軍隊對抗英軍的入侵，最後被捕並被處決。後被封為天主教聖人，被法國人視為民族英雄。
2　貝亞德 (Bayard)，法國一家面向兒童的出版社。

尊重。而同一個人，去給另外的學生每週上一小時的法語課，也會遇到困難。往好了說，他與這些陌生人簽訂了一個不體面的合同。他在安靜中講話，學生們卻做其他事情。時間過去，教師默默地生氣、疲倦、無熱情、無勇氣。誰考慮這些流逝的時間？根本沒有人說。

更糟糕的是，有時把基本班級學生同一些陌生學生混同起來。按常規，當那些沒有整體習慣的學生聚在一起的時候，總會有一些秩序混亂。每個人都容易成為肇事者。於是，正如人們所說，人員混雜結出了苦果。人們都知道這樣的結果，這毫無疑問。但人們卻要嘗試，因為如此準確預言的失敗原因，人們根本不想說，還因為決定嘗試的一部分人曾是教學好的，但不再教學的人，另一部分人曾是教學不好的，並因此改做行政的人，還有一部分坐在辦公室的人，他們從未教過學，也根本不會教學，允許我稱他們為公共教育的文盲。這些人在某種意義上類似於軍隊中的上士，他們知道一點常規的法律，可以不好也不壞地管理船隻、船閘、劇場、劇團的麵包或國家的不動產。當他們在這個陌生的職業中變得老些，便足以成為這樣的人，讓一個有文憑的班主任教師教一個班級八至十小時的課。像數掃把那樣計算兩小時的法語課。另外一個教師不計算課時，當覺得兩小時不夠時，便增加一小時。一切都好，都記在紙上。

中央行政從不去想另一種辦法？關於法國大劇院、一

個養老院、一個游泳池、一座監獄或一所學校，不總是會涉及資歷、晉級、職稱、福利、求職者、信貸、儲蓄、作息時間表嗎？面試與檔案、管理機構之間的衝突、稅點、判例，這永遠是無知執政的同一藝術。魚雷艇、飛機、食堂、領補貼者、殘障者、戰爭賠款、疫苗接種、教育、橋樑、路道、洪水，這一切都是同等的。這一切賦予同一抽象勞動，所有行政人員即刻都懂，而其他人卻不明白。

44 / 培養兒童用眼睛閱讀

　　如果我是初等教育的主管，我會提出讓所有法國人學習閱讀這樣的唯一目標。我們也說到書寫和計算，但要單獨教學。我認識一些不會閱讀的人，但很會計算。真正的困難是學習閱讀。至於物理、化學、歷史或道德課，如果首先不是閱讀物理、化學、歷史和道德，我便認為這些課完全可笑。我說過用眼睛閱讀，在我看來，它界定了一個我們難以進入的人文時期。

　　聽講、背誦、高聲朗讀，這是尚未開化的思想戒律，完全體現在彌撒和佈道之中。人們在討論中相當多地談及這種戒律，但總是無用，有時還有害，找不到支持我們思想的真正理由，也無任何由連續的肢體行為體現的隱喻。聽講，總是往前走，從未有能力回復；或需要回味，再學習，因此需要重複。機械主義在操作，習俗在教導我們。當我們有一種看法，習俗將我們的想法掠去。是的，當我們有一個堅定的看法時，習俗的力量也很強大，我們不得不遵循習俗。

　　但我們說得太少。當身體在那裏，激情也在那裏。講話激烈起來，無手勢的講話便無法進行，特別是需要提高聲調，把最輕微的喧囂壓制住，但不適合氣惱。惱怒會使觀點扭曲，並且經常會傳染，甚至影響講話者本人，

因為講話者要通過身體的訓練不斷地說服自己。這些總是維護雄辯術的令人生畏的力量，在漫長的世紀中引領世界歷史。智力發育落後者依然相信話語的魔力，因為他們根本不能分清講話的效果與其意義不相匹配而導致的原因的混亂。

用眼睛閱讀，則完全是另外一回事情。觀點就像一個物體，是固定的、外在的。我不必不斷重複去努力支持它，我把我置於它的對面，我不動，也不像在遊戲時屏住呼吸。我數次思考其各個部分，沒有這個繼續講話的人或其他講話者的擔憂。我放棄它，又重拾起，它卻不理我。我就像會計師，像代數學家，像幾何學家那樣行使這種仲裁人的職能，甚至對於我自己的思想。我的思想也是一個物體，它在我面前，我嘗試它，我驗證它，甚至在八天以後，我重新找到它，或放棄它。然而，所有思想都應經受這樣的檢驗。用眼睛去思想，而不是用耳朵。

因此需要培養兒童用眼睛閱讀的習慣。就是說首先需要瞄準常規的閱讀，然後超越它。然而，我們的學生讀起來結結巴巴，他們聽講和背誦都好於閱讀。同樣，驢帽子的長耳朵不再標誌人們意向中的事物。

45 / 回到偉大作品，絕不要刪減或摘要

　　當有人向我告知有一個普通文化的圖書館，我立刻前去借閱大量卷本，相信會從中找到美麗的文本，寶貴的譯文，找到詩人、政治家、道德家和思想家的寶庫。但卻一無所獲，這些人都是大學問家，真的知識淵博，使我遠離他們的文化。然而，文化一點兒也不能傳承，一點兒也不能壓縮。獲取文化，任何人都需要追本溯源，飲取手心中的水，而不是借來的杯子中的水。總要去領會發明者原創的思想，晦澀總比平庸要好。在美好與真實之間，總要偏重於美好，因為情趣總是啟發判斷。更好的是，選擇最古老的美，經過驗證的好，因為沒有必要去折騰那些判斷，只要去實踐它。美好是真實的標誌，是每個真實的第一存在，因此我在莫里哀[1]、莎士比亞[2]、巴爾扎克[3]的著作中，而

1　莫里哀（Molière，1622年1月15日—1673年2月17日），原名為讓·巴蒂斯特·波克蘭（Jean Baptiste Poquelin），法國喜劇作家、演員、戲劇活動家，代表作品有《無病呻吟》（*Le Malade Imaginaire*）、《偽君子》（*Le Tartuffeou l'Hypocrite*）、《慳吝人》（*L'Avare*）等。

2　威廉·莎士比亞（William Shakespeare，1564年4月23日—1616年4月23日），英國文學史上最傑出的戲劇家，也是歐洲文藝復興時期最重要、最偉大的作家，全世界最卓越的文學家之一。

3　奧諾雷·德·巴爾扎克（Honoré de Balzac，1799年5月20日—1850年8月18日），法國小說家，被稱為「現代法國小說之父」，一生創作甚豐，著有91部小說，塑造了2472個栩栩如生的人物形象，合稱《人間喜劇》（*La Comédie Humaine*）。

不是在一些心理學的概述裏認識了人。而我根本不想把巴爾扎克的激情思想寫成十頁文字，天才的視野是他所描述的半灰暗的整個世界，我不想把這個世界分離，因為從光明到黑暗的歷程，恰好是我進入真實事物的經歷。因此總是需要回到偉大作品，絕不要刪減或摘要，摘要的功能僅僅是把我們帶入著作本身。我還要說，我們應進入無註解的著作。註解，是虛華的平庸。人文主義將抖落這些蚉賊。

至於科學本身，我不想成為最後的發現者。這不能提高人的修養，對於人類的沉思也不夠成熟，普通文化拒絕新鮮。我看到，我們新潮的追崇者就像聽最新的交響曲那樣，關注最新的思想。我的朋友，你的指南針快要瘋了。職業人對我來說有太多的優勢。混入現代樂隊的奇特噪音，已經累贅，已不得體，它使我驚奇，使我慌亂，使我遠離。年輕的音樂人十分類似於最新興起的物理學家，他們給我們拋來了時間與速度的悖論。因為他們說，時間並不是單一的事物，也不是絕對的事物，它對於某些速度是正確的，但當速度達到光的速度時，它就不是這樣。當兩點相遇時的情況不再清晰可見，相遇在兩點同時發生。這就是斯基泰[4]交響曲中的鴨鳴，是令人驚奇的怪音。

物理交響曲家就這樣令我驚奇，然而我把耳朵堵上。

4　斯基泰（Scythes），也譯為斯基泰人，希臘古典時代在歐洲東北部、東歐大草原至中亞一帶居住與活動的遊牧民族。

現在是閱讀丁達爾關於熱的講座，或是閱讀法拉第[5]關於電磁現象的論文。這已被證實是好的。我所說的圖書館應當把這些書放在我們手中。我建議，如果你們真想成為物理學家，應在一張大桌上打開這一類論文，用你們的手再現書中所描述的經驗，一項接一項。有人說，這些老經驗「早為人知」，只是還沒做。徒勞的工作，根本不能照亮索邦人[6]的晚宴。但不要性急，讓我進行十年平凡的工作和閱讀非時髦的著作，索邦人將遠遠地落在後面。

5　邁克爾‧法拉第 (Michael Faraday，1791 年 9 月 22 日—1867 年 8 月 25 日)，英國物理學家、化學家。

6　索邦人 (Sorbonnagre)，指索邦大學的學生和教師。

46 / 判斷也是沉思

　　有人問我，小學生可以流暢地閱讀哪些書，而不受不良道德的浸染。我回答說，「那麼讀《忒勒馬科斯歷險記》[1]吧。」經驗是現成的，同時我也進一步檢視了菲乃隆如此有名氣的著作，所有都考慮到了，但我還是懷疑人們會做得更好。這篇散文健康純潔，通俗易懂，沒有不適合兒童的過於緊湊或過於拖拉的情形。各個人物、寺廟、市場、旅行、風暴，好國王與暴君，立法者、神父、武士，所有古代聖賢，所有表現我們文明的地中海世界的內容均被排除。沒有任何基督教的痕跡，異教在那裏赤裸裸地呈現，米諾斯[2]懲罰壞國王。這種人文主義沒有缺憾，這就是我們的形象。這個重要性並非微不足道，對於一個年輕人，遠距離地凝視一個沒有人試圖相信屬實的過去的宗教，不過是普遍道德的一件服飾。判斷也是沉思，是一種從趨向於

1　《忒勒馬科斯歷險記》(*Les Aventures de Télémaque*) 為法國天主教神學家、詩人和作家弗朗索瓦・菲乃隆 (François de Salignac de la Mothe–Fénelon，1651年 8 月 6 日—1715 年 1 月 7 日) 的作品，他在這部小說中，幾乎不加掩飾地攻擊了法國君主。忒勒馬科斯 (Télémaque)，古希臘神話男性人物之一。其事跡見於《奧德賽》。父母為奧德修斯與柏涅柏。奧德修斯參加特洛伊戰爭後二十年未歸，他在雅典娜幫助下歷盡艱辛而尋見父親，並協助父親將圖謀不軌者予以清除。

2　米諾斯 (Minos) 在希臘神話中是克里特之王，宙斯和歐羅巴的兒子，拉達曼迪斯和薩爾珀冬的同胞兄弟。古希臘的米諾斯文明就是以他的名字命名。

狂熱的嚴肅狀態中的完全解脫。

　　天主教看起來也是美好的，當人們不再相信它時便已美好，但兒童的情況則有不同。兒童需要喜歡人類的錯誤，但不要去做，卻可以去作詩。完全不相信恩典，輕裝簡行。兒童同樣可以學習短篇小說，只是短篇小說可能屬於年齡更長的一些人，其中的道德更為抽象，政治更少。對於異教來說所特有的，是這個社會的宗教和神祇的等級，通過不可避免的反抗，製造出形而上的宗教，甚至是我們思想的定位系統。如果人能經歷所有這些年代則是好的。值得注意的是，如果不了解異教，就不能夠評價天主教的時代。令人擔憂的是，我們這個時代的小學生被剝奪了掌握這些可以使我們從否定中解脫，邀請我們去學習的重要觀點的機會。

　　你會在這本平凡的書中找到你所希望的同樣大膽、同樣中庸的思想。首先是強烈反對戰爭的論述，人類為此感到羞愧。對戰爭所有原因的分析，遠遠達不到完備。人們從中發現野心衝動的作用，總是試圖掩蓋利益或需求。這些發揮表現在今天與明天。從農田或工廠回來的父親，自願地讀着兒子的書。他翻過幾頁，遊覽了剛剛革新的薩蘭托[3]，便回想起貪婪與野心的束縛，重新感到堅定不移的共

3　薩蘭托（Salente），也稱薩蘭托半島或薩蘭蒂納半島（Salentina），是位於亞平寧半島東南部的一個半島。

產主義的夢想。蘇維埃人遵循導師意願與建議，像《伊多梅涅》[4]那樣平分了土地，在這個農業與商品的小世界上實現了烏托邦，實現了太陽無法達到的光明。至於貿易，市場與財富資源都是公共的！也許部長們及其寵愛者、諂媚者的狀況更好。在這裏，親信的伎倆加進了人文主義科學。然而，神學院裏沒有任何賣弄的痕跡，主教懷有少年般的恩典。人性在跨越異教的同時也跨越了天主教。菲乃隆便是敢想敢幹、毫不猶疑的人，也許他的神祕的心超越了上帝。但是這本書仍屬於兒童，他的全部思想都是為了兒童。在我眼裏十分清楚，伏爾泰在《查第格》[5]中寫道，他還記得《忒勒馬科斯歷險記》。為什麼一些讀者想找到證據？這不過是舊教科書的附加裝飾，沒有多大必要，讀就是了。

4　《伊多梅涅》（*Idoménée*）為法國作曲家安德烈‧坎普拉（André Campra，1660年12月4日—1744年6月29日）創作的歌劇，首演於1712年1月12日。

5　《查第格》（*Zadig*）為法國啟蒙文學家伏爾泰所著的中篇小說，首次出版於1747年。

47 / 不思考的人不了解人性

因為我讀過夏多布里昂[1]的《殉道者》，我便想到這本書適合我們的小學生。《忒勒馬科斯歷險記》作為非宗教書籍，容易接受自由思想，但對於《殉道者》，我會有一些無充分理由的抵觸。如果我們想讓我們的子女具有一些人類歷史的觀點，就不能讓他們無視天主教。天主教的道理不能與取而代之的異教相割裂。這個過渡有着重要意義，它仍主導着我們的習俗，並在我們的思想中無例外地留有標記。想像一些富家子弟不知道電燈之外的光源與火源的世界。他們所具有的抽象知識便是直接的知識。電燈的出現依賴於之前的事物，不僅是思想還要有作為，有一系列比較容易的試驗，我忘記說的還有玻璃、煤炭、火、燧石。我們的全部思想，從理論到實踐，天主教都有所發展，同時也發展了異教。正如人們首先了解斯多葛學派，甚至是柏拉圖的預言，也正如人們今天仍然看到布列塔尼的迷信如此自然地融入聖人、聖母和三位一體的崇拜之中。但隱喻使我迷惑，特別是形而上的天主教在從屬的多神主義中具體化。那些在此之上無思考的人便不了解人性。

1　弗朗索瓦－勒內・德・夏多布里昂 (François–René de Chateaubriand，1768 年 9 月 4 日—1848 年 7 月 4 日)，法國 18 至 19 世紀的作家、政治家、外交家，法蘭西學院院士。其著作《殉道者》(Les Martyrs) 作於 1809 年。

夏多布里昂是一個好嚮導，也許是最好的嚮導，他在這裏通過詩歌的凝思，為所有事物安排了恰當的位置。在新的家庭組織結構方面，奴隸的處罰，戰爭在精神之前的轉變，地位的墜落，一切美好的未來，所有這些都值得慶祝。另一方面，異教也毫無改變。荷馬祭司德莫杜克斯[2] 並不比西里爾主教少受崇敬，維蘇威的基督教隱修士具有斯多葛修行者的外貌與信條。天使的天空與魔鬼的地獄指揮着人類的爭鬥，並像伊利亞特[3]的神祇那樣分配着厄運。故事本身顯示出勇敢、節操、公正在古人那裏並沒有比我們低的價值。甚至天主教的狂熱也毫無修飾，人們在這裏自然可以看到忘恩負義的孩子毆打其奶媽。這對於指明人類的進步具有獨特意義，並總在發生作用，但由於激情的強大力量，後經常發揮壞的作用。

我欣賞這一保持距離的精神力量，與那些想投入這一宗教的觀眾，並自認為虔誠的人。在這個人身上有一種高明，他稱之為冷漠，但卻是來自於一種明智。這個旅行者仁慈而孤僻。他對拿破崙並不驚奇，他宣示共和。然而，他堅定地忠誠於法定的國王，但同是這個人寫道：「我不相信國王。」我在《殉道者》中發現一句漂亮的話。當基督徒

2　德莫杜克斯 (Démodocus)，古希臘荷馬時代的盲眼詩人。

3　《伊利亞特》(Iliade)，古希臘詩人荷馬的強弱弱格六音步史詩。故事的背景設在特洛伊戰爭期間，這是希臘城邦之間的衝突，軍隊對特洛伊城圍困了十年之久，故事講述了國王阿伽門農與英雄阿喀琉斯之間的爭執。

厄多拉（Eudore）把其外套披在一個窮人身上，一個異教徒問他，「也許你相信這個奴隸是隱藏的神？」厄多拉回答，「不，我相信他是個人。」

48 / 沒有必要冒着當先知的風險

　　農民喜讀曆書。對他們來說，什麼更美好？一天又一天，一月又一月，一季又一季，這都是他們計劃的標記。對於來年，他們會提前知道一些事。首先是一些不變的事物，就是說太陽的降落與升起，這便是曆書的骨架。一年是太陽完整的輪迴。我記得，我看到獵戶星座[1]經過的那一年，這一飾有腰帶與長劍的大矩形，如今天這樣轉向西方。獅子座的軒轅十四星[2]恰好在我頭上。一年過去，我再看它時，就像在錶盤過了一小時的位置。星辰也標示小時，維吉爾的領航人會遵循大熊星座圍繞北極星的運行軌跡，其運行軌跡同時指示小時與季節。在一年之間，大熊星座在午夜位置時開始輪迴。當大熊星座接近頂端位置時，便是午夜的開始。大勺柄標誌着季節，如烏鴉叫的季節，水仙花開的季節。它還可以標誌年份。這並非是解釋大熊星座在空中運轉與鳥兒築巢的關係的簡單工作，而是需要從觀察開始，我甚至說，從尊崇開始的工作。我相信，農田上的人們有些忘記觀察星象了，星象會告訴人們

1　獵戶座 (Orion)，是赤道帶星座之一，主體由參宿四和參宿七等四顆亮星組成的一個大四邊形。

2　軒轅十四 (Régulus, α Leo / 獅子座 α) 為星官軒轅的第十四星，是獅子座最明亮的恆星 (主星)，也是全天空二十顆最明亮的恆星之一。

最簡潔的規律。古人已經知道大角星[3]，將其命名為「牧夫座」(Bouvier)，它在春耕時節的晚間出現，在寒冷和雨季臨近時便消失。這一農民的科學被漸漸忘卻。勞作的人讀報紙，城市印刷曆書，佔據了天空中的月份，為我們描繪了無色彩的網格，以及根據商業與貿易期限制定的星期和禮拜日。幸運的是，人們還慶祝聖誕節和復活節，棕枝主日[4]還被刻記在樹木上。組織城市曆書的是另一種曆書。在我夢想的曆書中，在鉸鏈上翻過一年，同時是打開了未來的大門，打開了希望。人們更接近於詩人，如果他們不斷地把勞作與大宇宙連接起來，會變得更慷慨。

把星辰的軌跡和太陽的升起、沉落、空中高懸的星體運行連接起來，再把月亮的週期聯繫起來，但不是通過乾巴巴的數字，而是通過描述，想到滿月相對於地球另一面的太陽。勾勒各個星球的軌跡，標示出這個星球預示着冷天的開始，另一個星球預示着葉子的萌芽。

我致力於一些預報天氣的事，但總不確定。我總有大量的理由根據季節做總體預報。對於具體預報，我只描述可能性，如三月的陣雨，六月的風暴與冰雹，在表象活躍的年份適於遷徙。我把變化無常的天氣與鳥的鳴叫聯繫起

3　大角星 (Arcturus, α Boo／牧夫座 α) 是牧夫座中最明亮的恆星。以肉眼觀看大角星，它是橘黃色的，是全夜空第三亮的恆星。

4　棕枝主日 (Rameaux)，亦稱棕樹主日或基督苦難主日，是主復活日前的主日，標誌着基督教聖週的開始。

來，因為鳥鳴幾乎與星辰一樣有規律。沒有必要冒着當先知的風險。

至於農田與花園的工作，曆書中講得足夠了，這是最美之處。如果能在其中加入一些化學和醫學的安全建議，曆書就是一本好書了。

還有什麼呢？有關一個地方的地理學，應當從土地結構談起，描述其資源、河流、山岩、岩洞等。同時也要談及農業與工業產品、交通和物價。最後，要具體評述人口與移民的動向。歷史自然會解釋未解之謎。我看到這本書具有很好的可讀性，紙張精美，像《聖經》文本那樣翔實。對於喜歡娛樂的朋友，閱讀這本書便是美好的工作。

在等待這本書的時候，我想人們應該也為學校寫一本曆書，寫在漂亮的筆記本上。這可以是詞彙、拼寫、計算、天文、物理、化學、自然史等各門課，甚至是掌握判斷力本身可能的機會。例如，在更改夏令時的時候，鑒定其效果成為一時之需，我便提出一個作文題目：《火車站長在4月12至13日子夜的煩惱》。我還想到，需要計算距離來年聖誕節和復活節的天數，常規便是如此，需要有思考的連續性。如果能在牆上標出影子在不同季節中的變化，人們會發現科學重新成為一種生命力旺盛的植物，在每扇門上留下美好的影子。

49／閱讀散文可使人變得溫柔

　　許多兒童都在同拼寫困難做鬥爭，家長們對此頗感驚奇，教師有時則想到拼寫不過是一個過渡方式。關於語法，需提請人們注意，高乃依、塞維涅[1]、博須埃[2]所寫的語音，經常依自己的性格和一時的興致而為。有時人們會讀到某個固執的改革者的一些文章，他會故意把一些詞寫錯。應當像音樂課上唱歌那樣高聲朗讀這些新作。

　　有時你會看到某個衣着整齊、舉止比較大方的人，嘟嘟囔囔地讀一份報紙，就像神父讀經書一樣。神父的作為由戒律所約束，他不得不這樣做還有一定道理。而這個讀報的人卻是一個平庸的閱讀者，肯定沒有文化，嘟嘟囔囔地讀報這些標誌就說明一切。真正會讀書的人是用眼睛讀，而不是用嘴讀。他就像海岸瞭望員看到煙囪就能認識船隻那樣，根據外形就能認識詞彙。如果你把「哲學」一詞寫錯，就像拆掉了兩隻煙囪的船，我就認不清了。時間流逝，因為注意力並沒用在相關聯的一系列詞彙的意義上，

1　塞維涅夫人（Madame de Sévigné，1626 年 2 月 5 日—1696 年 4 月 17 日），法國書信作家。其尺牘生動、風趣，反映了路易十四時代法國的社會風貌，被奉為法國文學的瑰寶。

2　雅克－貝尼涅・博須埃（Jacques–Bénigne Bossuet，1627 年 9 月 27 日—1704 年 4 月 12 日），又譯為波舒哀、博絮埃，生於法國第戎，法國主教、神學家，以講道及演說聞名，被認為是法國史上最偉大的演說家。

而是在一個個單詞上。這個緩慢的人在每個詞上停頓，思想不在詞上，而在句子裏。拼寫的疏忽相當於在吟詩、辯論或會談的時刻，閱讀者更注意的是詞彙的發音而不是其形式。拼寫適合於寫散文的時刻。

閱讀散文可使人變得溫柔。情況是這樣：那些用眼閱讀的人自然也會拼寫，他認識我剛剛寫的詞，就像認識一件物體。通過這樣沉思中的認識，寫出的東西便在外部，並有距離，人們便可以對其進行評價。但那個還在對其閱讀的詞彙發音，把詞形轉變為喊叫的人，首先應當讀懂寫的東西，並轉變自己的行為，把他聽到的各種叫聲轉變為外部信號，由他自己來聽。人們可能猜想，那個邊讀邊說的人過於自信，在外部思想之前不能保持作為觀眾者的安靜。我說，在這個意義上，印刷品可以作為見證，可以見證不好的閱讀者，見證根據印刷品費力閱讀的人，因此他可以思考對他提出的簡單建議。我說，是他自己的思考，這並不過分，因為他的嘴、他的喉嚨、他的肺、他的胃，根據他的心臟的反應，也都依據印刷品工作。這對於讀報也十分重要。

因此，我們需要帶領兒童不出聲地閱讀。我相信，人們絲毫沒有想到這一點。人們所說的流利閱讀根本不是流利閱讀，因為兒童在大聲閱讀。慣常的聽寫把書寫的問題帶到發音的練習之中，兒童一邊聽，一邊模仿閉口音，再寫出來，時不時會有一些由於簡短或不連貫的發音而引起

的令人發笑的錯誤。為此，我提議做一種練習，在書寫之前先由兒童自己高聲地分別發出聽寫的聲音。我相信，這樣改變後的方法會消除許多錯誤，但這個方法仍不完善，它總是訓練兒童說出要寫的東西。也許需要超越它，不能停留於此。

因此，我喜歡無聲的聽寫，在恰當的時間閃現詞彙和完整的句子，然後使之消失，使它們留作記憶，就像複製一幅留在腦海裏的圖畫。之後，簡單的複寫就是一個很好的練習。這樣就可以達到無隔閡、無激情的閱讀境界。

我聽人說，我的學生這樣做很可能不會正確發音。我在古老的朗誦練習中，就像演說者的器官練習那樣，採用眼與手並用的方法。但我小心地選擇閱讀的文本都是美好的名著，因為這些著作既約束激情，又喚醒激情。另外，在審查之前，相信這些著作都適合兒童閱讀，因此這種言語之後的信任有助於提高文化素養。

50 / 一個缺乏教養的人往往表現得過分尊崇他人

拼寫既是尊重也是一種禮貌。在這裏需要戰勝的是稀奇古怪，也可以說是引人注意又迷惑人的東西，表面上許諾多多，實際上一毛不拔。比如一頂帽子，或齊腰的大鬍子，對我們來說，它們本身沒有意義。鬼臉可引起好奇，但沒有任何益處。這就是為什麼說，首先是自然平靜的面孔，沒有靜，也就沒有音樂。同樣，時髦的服裝有其道理，否則無人注意。相反，一個戴尖帽或蓄長髮的怪人因其標記不被認可，他一講話，就像是尖帽子。著名的半面剔鬍的傳道者，不會被聽，只會被看，他本人相對於他的演講，因其標記而被感到怪異。這個無用的符號因此會在人們之間引起恐慌和騷亂。厚顏無恥與腼腆膽怯相對峙，這便是一個糾結的人。因此應當習慣於順應實際，行禮要實際，講話而不是喊叫，書寫要符合拼寫規則。人們講拼寫很難，但舞蹈與禮節同樣很難。只要懂得這些便有大的益處，而在實際中學習便已經有大益處。

在一個純樸的寫作者身上，我發現即席演講被中止，然後又繼續，但毫不擔憂辯論口才，因為沒有任何聽講者。演講的連續性依賴於身體的特點，甚至是姿態，也就是某種尖叫。書寫經常演變成匆忙與野蠻，還不涉及講話，總是把說的詞彙混淆為寫的詞彙。拼寫課教師非常清

楚這類錯誤源自於一種輕視態度，源自於自己對自己的講話。為此，我建議讓兒童練習高聲講話，同時與寫作區分開來。

一個缺乏教養的人往往表現得過分尊崇他人，甚至向椅子致禮，人們還看到一些毫無拼寫知識的人特別注重禮節。因為怕忘記一些事，他們總是過分地使用詞彙，就像缺乏個人風格的女裁縫，在服裝上到處打結和添加飾帶。他的字母是雙重的，他的「Y」和「PH」等字母就像懸掛的大旗和小旗，這是一種張揚的姿態。語法學家比較看好簡化語言的惰性，把語言變成單音節發音。但他們不應忘記用以修飾、補充和疊加的表達。情感可以宣泄，激情可以奔放。我的祖父總提到「綜合技術學校」[1]。一個女人對此極為不屑，一天寫出這樣一個詞——「虛偽」。在那裏，不僅毫無敬佩之心，我還同時發現咬牙切齒的前置音和喉嚨中憤怒的效果。首先需要克制放縱。拼寫規則走得比我們相信的更遠。節奏和韻律兩者綜合，也許是語言內部的唯一規則。

1　綜合技術學校 (École Polytechnitique)，法國著名的工程師學校，建於 1794 年。

51 ∕ 簡單的看法有時卻是最重要的思想

　　一位年輕教師昨天對我說：「已經沒有時間教我學生他們應當知道的東西。如果您每週只給我們二十小時的教學時間，每天三小時變成兩小時，我們怎麼辦？」

　　我看不到任何真正困難。這是吞噬時間的課。我猜想，您是教授歷史課的，我聽您這樣說的。您需要向學生敍述所有歷史事件，您想到這就夠了。一個行政上的偏見誤導着教師的工作。我承認，他們在努力工作，他們曾是很好的學生。但學生們習慣於什麼都不做，我想把這個小小的世界翻轉一下。即使教師以他的方式工作，他讀論文和理論，根據自己的喜好思考大規律和小緣由，我都認可。但學生首先應當知道全無遮蔽的事件，從他們的課本中學習，背誦課文，這便是新課。然而，需要有時間去提問全部問題嗎？不去探討異議，也不去追問方法。我記得有一段時間，輔導教師還不具有教師身分。在上課之前的時間，他們對着象徵學生的椅子點名，這樣似乎可以減輕工作的緊張情緒。學生背誦，他們隨之對照課本查驗。他們沒有必要像歷史學家對待職業那樣保證學生不混淆歷史時期。他們給學生打分。教師首先看他們給學生的分數，然後不慌不忙地提出一些精心選擇的問題。此時此刻，根據對歷史知識的掌握，不同回答顯示出不同水平，顯示出

有經驗的人、有知識的人、有教養的人。一刻鐘的即席回答，如果知曉原則，可以解釋二十年，甚至整整一個世紀的歷史進程。

在我看來，不要到處是潦草記錄的歷史課筆記本，而是要求每個學生寫出最漂亮的字，如果願意的話，可以用彩色墨水來寫出歷史年代，並用等同的間距標出時間，一點一點地填入事件和人物生平。這種工作易於評價，一件工作喚起另一件工作，因為漂亮筆記本的空白部分可以為口才辯論留有空間。我還有理由相信，這種類型的工作也像是一種鋼筆畫，要求整個身心聚精會神地投入這種寫作，課程因此而有用。此外，當把涉及人類過去最重要的思想的事件、年代和著作做一比較，每個人就會很好地把握歷史年代。在填寫內容最少的時期，僅僅是年份的繼續，也能說明一些事情。可以看出在這些無榮耀的年份，人們依然生活着，愛着，生產着，交易着，這種簡單的看法卻是最重要的思想。這並非我在這裏發現的重大祕密，人們會看到，在所有類型的教學中，是多麼容易延遲學習時間，多麼容易地命名最主要的工作，命名最長的和最有用的工作。我知道，開始時需要有效的懲罰。學生習慣於邊聽邊學，至少他們相信自己是在學習。他們的家長，當聽過兩三次大學者不看一個字而誇誇其談一個小時後，他們同樣相信增長了自己的文化。留聲機和電影放映機是一對兄弟。

52 / 道德無處不在

一個年輕教師說，「講授道德並不容易。所有思想都猶豫不定，都相互對立。各種學說也都相互爭論。對這些學說思考了三十年的人仍在懷疑，我怎樣才能教給青年們確定可靠的原理呢？」

老教師說，「我把課劃分為三點。當我是青年時，當我喉嚨發火時，當小伙子們把雙臂支在桌子上雙眼盯着看我的時候，我被書本所迷惑，我還不知道這種注意使人變蠢。但職業把我帶回來。正如閱讀和書寫指明何為最重要的，也正如需要時間，我終於一點一點地減少了口才的練習，我的喉嚨與肺才感覺好了。孩子們讀歷史，抄訓誡，而我有機會去發現不少事情。首先，什麼也沒有比六法郎的筆記本和圓體字的題目更能使人熱愛學習，同時，也許是更隱蔽的，就是書寫的動作要求真正的注意力，要求精細的肌肉運動，熟悉的運動，就像書寫在循環，思想再現又相互印證。此外，再試圖交臂思考一下，沒有誰不能這樣。在空氣中想像書寫的人，彷彿也在用手寫，他繼續保持這樣封閉的姿態，不會走錯路，但只有真正的書寫才能有助於更好地思想。」

當人們運用其思想，年輕教師繼續說，「真的，不是在寫的時候更新思想。」

老教師又說，「對成年人是好的，對兒童這種輕率不定的年齡更好。您猜我是如何將道德課和書寫課放到一起的。在這上面，我還有一些小小的發現，主要的發現是對不變的課文的思考比關注無休止的評論更有益。如果不是發現這些詞彙總是可以消除奇怪思想的迷霧或塵埃，我還看不到更多的理由，能夠用同樣的方法減少思想迷霧。不是用另外的詞彙解釋這些詞彙，而是拍去另外地毯上的塵土。因此，有必要幫助他們，我不止一次地讓他們抄寫我收集到的最美好的、最完滿的、最簡潔的格言，並將其作為書寫的範本。」

年輕教師說，「想起《思想錄》[1]中的格言，說得也許並不這樣壞。」

老教師說，「我相信這一點，而憑經驗，我最終生活在道德之中，就是說，道德無處不在。因為每個人對周邊的人都要體現道德，甚至一絲頭髮都不能錯過。雅克評價皮埃爾，皮埃爾評價雅克，兩個人都沒錯。正如愛嫉妒者評價愛打扮的人，猜測所有其狡猾與混亂的思想。也正如愛打扮的人猜測愛嫉妒者的所有癖好、自負和滑稽可笑。還比如，受惠者揣摩施恩者的意圖，施恩者也試圖重新認

---

1 《思想錄》(*Pensées*) 是法國哲學家、數學家布萊茲‧帕斯卡爾 (Blaise Pascal，1623 年 6 月 19 日―1662 年 8 月 19 日) 為基督教辯護的一本書，但書名是在他死後由別人所加。

識受惠者。您說是為了從仰慕中解脫，您沒有看到他們非常清楚他們所仰慕的一切，他們能不仰慕嗎？我更想說，他們渴望被仰慕，但他們只是難以被仰慕。再比如一個黃金稱重者沒有侵吞之心，一個合金金屬檢測員，對你說像種子一樣的黃金與黃銅的質量。因此，所有男人和所有女人，從生到死，如果從不欺騙，都是道德的教師。僅僅發現一個人做到這樣，他便意識到糾正自己被鄰居責備的行為。剩餘的便是每個人身邊的小事。因此，我把書寫的範本簡化為這種類型的兩個或三個格言，你可以講給你的鄰居，去做吧！」

53 / 人的靈魂在作文中表現

「《雲雀》[1]，漂亮的主題」，督學這樣說。督學是個溫和的人，他在青年時出版過一本詩集，題目是「象牙撥子」，或是「銀弦」，或是「九孔長笛」，誰也說不準。但他沒有忘記，他微笑着談起青年時的志向，沒有傷感。然而，教師忙於自己的事。一個月以來，孩子們都在看「雲雀先生」和「雲雀夫人」，他們總是有事要說，但他們的老師卻有一些關於書寫技巧的確定想法。他擔心在這樣的公共場所，兒童有豐富的感知和貧乏的語言。這關係到在黑板上寫字，詞與詞之間的選擇應當有序，包括所有關於快樂的微小差異，所有關於玫瑰色的微小差異，所有關於藍色的微小差異，所有關於歌唱、韻律、音調、變奏、尖音、亮音的微小差異，各種行走的方式，如跑步、疾走、跳躍、蹦跳。督學看起來有些不耐煩，他在年輕時可不是這樣寫的，他從一個詞到另一個詞，從一個方向朝着另一個方向。他說，「如果我已經看清了課表，今天不是做詞彙練習，而是法語作文。不要把兩者混同起來。」

可是，所有都在書中。雲雀先生首先被這樣描寫：深灰色的喙，藍色的冠毛，橙紅色的前胸，以及翅膀的白色

1　《雲雀》(*Pinson*)，應是一部文學作品，但作者及出版年代不詳。

標誌。他的步伐先是有些偏左，然後平衡，因為雲雀不會跳躍。相反，他旋轉着飛行，可以在空中急轉、跳躍、俯衝、上騰、玩耍，還可以穿着禮服貼路面巡遊。現在則是棲息不動，嘴張開，腮鼓起，開始他的春之歌。這不是長時間的笑聲，而是一個短短的前奏，接着是旋律一致加快的吟唱，最後由一個簡短的變調結束。這是音樂的語言，但聲調噴薄有力，充滿生活的快樂。所有這些都被一絲不苟地描寫。他們有時對詞彙表現出猶豫，但十分清楚，他們都對現實事物有所了解。所有人，除了督學，都具有詩人般的思想。督學找不到機會說出恰當的詞，他只是發現：「這是法語作文，而不是觀察練習。不要把兩者混同起來。」

教師說，「但是，他們還不到什麼都沒看就能寫的年齡，他們還是孩子。」然而，他們現在繼續聽雲雀夫人的講話，詩人們還不太認識這個人。這是一個裝扮簡單樸素的小婦人，她身着略帶黃褐色的灰衣服，在頭與身體的羽毛之間有一道明亮的條紋，人們說她是戴着扁髮帶的女學生。她比雲雀先生更為警覺地行走與跑步，但飛起來卻沒有雲雀先生那麼有力。沒有誰比翅膀上還沒有白色標誌的小雲雀更認識這一點。沒有人能知道她是否會唱歌，唱得如何。

督學說，「當然，這是一節優良的自然史課，但我看來，法語作文完全是另一碼事。這是一種想像的遊戲，更

自由，更依賴於個人的興致，然而也是通過經驗和興趣進行的另一種訓練。其中應當顯現的是每個人的特性，而不是事物的特性，因為作者的靈魂，即人的靈魂在法語作文中表現。相信我，我們的感受，我們的快樂，我們的希望，我們的春天，是鳥的歌聲喚醒了我們的快樂與記憶，這些比雲雀的顏色更有趣。」

這段即興講話使他很高興，他想離開，但真正的講演發生在這個人身上，對他的嚴肅職業傳授了苦澀的真理。他自言自語地說，「如果這些可憐的人根據真實事物而不是禮節來編撰他們的講話，我們將走到何種地步？」然而，他把近視的眼光放在路上飛的雲雀，忘記的韻腳又重現在他心中。可是這不是雲雀而只是一隻麻雀。牠能給詩人帶去什麼呢？

54 / 模仿是創新的唯一方法

　　創新，只有一個方法，就是模仿。思想的好方法也只有一種，就是傳承先前的思想並予以驗證。這一想法便是典型本身，是有利於思考的態勢。因為它首先完全是普普通通的，十分確定，並只對於那些經常習慣於在後面看他的人，它才是真正熟悉的。如果人們重新走一遍這條通向神祕思想的路，這條把偶像引向神祕的古老之路，就可能會懂得一切思想，懂得所有人如何連續地在同一思想之中，直至觸摸到並最終解釋由岩石、金屬、空氣構成的無感覺的世界。

　　相反的思想自然會提供相反的驗證，那些毫無人文教養的人都熟悉這種相反驗證，對新的行為隨即表態。而另外的一些思想，乍一看光彩照人，但細究起來，便是虛弱而空洞。我認識一些具有這類思想的教育學家，教師們都不知道如何擺脫他們。因為教育家們特別說起，兒童的特性比任何東西都寶貴，需要保留兒童的思想，而不是相反，任憑他在空白紙頁之前想像，以致可以不依靠教師本能地寫作，並說這樣他們很可能成為傻子。然而，任由他所寫的，恰好是一個公共地點，正如這個曾經描述古塔的小學生。當他一眼看到那座顏色比周邊建築明顯有問題的古塔時，根本不會忘記使用「被時光染黑的石頭」的詞句。

從中可以看到，人們觀察時不能沒有思想，或換句話說，表達的方式必定會凌駕於觀點之上。

再回到我想到的地方，就是需要幫助兒童，指導與帶領他們，使他們最終走出自己的思想，儘管這些思想像荷馬詩歌那樣稀有而寶貴。只是做一些帶領年輕作者去探討的嘗試，寫一封信、一個故事、一段描述，讓他們不止一次地觀察應當描寫的事物，讓他們閱讀，再閱讀，重複對同一物體描寫的好樣板，讓他們清點將要用到的詞彙，並劃分成類。您會看到新的標誌，感知的細微表達，最初的風格特點。越是得到您的幫助，他們就越有創新。學習的藝術因此可以歸結為長時間的模仿和長時間的複製，正如最初級的音樂家和最初級的畫家所做的那樣。寫作為會觀察的人提供了這一真理，因為未受良好教育者的寫作大體相似，如果有差異，也是荒誕的或偶然的。相反，有教養之人的寫作由於更好地服從於共同的樣板，因而更是他所獨有的。

55 / 一個傑出的智者毫無嫉妒的動機

　　年輕的維克多在短短的幾天中顯示出氣憤、暴戾和懶惰，佩居謝右邊的布瓦爾[1] 開始了道德課，他手下有幾條筆記。福樓拜[2] 的友人們可以去找到準確的文本並度過美好的時光。但我擔心福樓拜的諷刺作品缺少目標。一個科學院院士談起布瓦爾和佩居謝時說，「這兩個傻瓜，我對他們不感興趣。」這個對生命沒有強烈感受的人並沒有很好地讀過這本書。要看清楚，佩居謝並不是傻瓜。當他闡述斯賓諾莎的思想體系時，就做得很不錯。也許他的道德課與其他的道德課並無太大差別。正如人們所說，那些從未做過講座，也未講過課的人會嘲笑佩居謝。我請那些人嘲笑他們自己。

　　雄辯術的目的在於喚醒共同的思想，把這些思想提高到強大、精彩、有效的級別，在那裏毫不孤立。喚起一個聽眾之所想，讓他釐清其所想，闡明其熱情之火，這是說服，不是教育。認識到浪費時間是一件困難的事，但

1　布瓦爾 (Bouvard)、佩居謝 (Pécuchet) 是法國作家福樓拜未完成小說《布瓦爾和佩居謝》(*Bouvard et Pécuchet*) 中的人物。

2　古斯塔夫・福樓拜 (Gustave Flaubert，1821 年 12 月 12 日 — 1880 年 5 月 8 日)，法國現實主義作家，代表作有《包法利夫人》(*Madame Bovary*)、《情感教育》(*L'Éducation Sentimentale*)。

當看到幾十個孩子的目光在自己身上，人們一般會結束其講話。一動不動地關注總是迷惑人，它不過是在變戲法的人面前的熱情期待。無休止、無懸念的講話這種冒險的訓練，總是引來驚奇，有時是欽佩。我不相信，一個講得好的人總能真正按照他所講的思想行事。句法與發音法的小問題已經使人足夠忙碌。他貧困得一無所有，他在形式的沙漠中前行。他在人的面孔中尋找迫切需求的關注，如果他能保持這種關注，也不過是一種滿足，而這種滿足也並不太好。這不是施捨的富人，僅僅是伸手的窮人。我相信，像一個傑出教師這樣的智者，毫無嫉妒的動機，他會這樣說：「他說得太多。」

我尊重學生——如果我可以說——從思想中產生的靜止的注意和近乎焦慮的空洞之中形成的思想。每個人都有一些虛假注意的記憶，這種注意近乎狂熱，並束縛思想。但這種束縛不值一提。一個咬緊牙關的人是在笨拙地做事，做之前便已疲憊不堪。思想者也是這樣糾結。需要放鬆以便捕捉思想，這是一種用眼角觀察的注意。狡猾與微笑！放鬆，再放鬆！

很好。如果您讓聽眾自由奔走，特別是讓年輕而富有活力的聽眾自由奔走，他們就什麼也學不到。但我看到另外一種放鬆的方法，是一種熟悉的行為。閱讀，再閱讀，背誦，認真寫，一點不要快，但要注意學習刻版工，在筆記本上刻好漂亮的標記，抄寫出完整的、平衡的、漂亮的

公式，這才是快樂、輕鬆的工作，才是為思想建造巢窠。書寫也是一種操練，可以看到形式與蹤跡，這是文化的標記，首先是文化的條件。當那些即將服務於你們的詞彙在閱讀中，在抄寫時，還不夠熟悉，要毫不猶豫地說出來。而你們，作為善講者，要寫而不是說。黑板不僅對於幾何學是好的，對你們也都是嚴峻的考驗。我看到你們不僅匆匆忙忙，還被緊緊束縛。要用大寫體來寫，就像你們在大理石上刻寫。這樣，你們的思想，對於你們和對於所有人，便成為一種對象。當他們抄寫時，便採取一種需要了解你們的態度。事實上，小男孩在畫槓槓時，就已開始了他成人般的寫作。

56 / 願望的意義高於軟弱和怠倦的好奇

　　在音樂會上學不來音樂，這不是說因為缺乏興趣，而是說興趣並非一切。我甚至要說，使我們着迷的東西，絕不會教會我們什麼。阿爾賽斯特發自內心地要理解塞麗曼娜[1]，但或是他原諒，他崇拜，或是他氣憤，他總是走在錯誤的道路上。笛卡爾勇敢地說，對真實的熱愛是使人胡說八道的基本原因。當思想足以凌駕於要捕捉，但並不去捕捉的物體時，才體現出力量。我們看到，音樂大師並不比他人更有趣，甚至可以說，他比其他任何人都令人討厭。在我看來，這是音樂比詩歌更好教的標誌。可以這樣想像，小提琴教師試圖讓人感動，隨即做出一個優美的操弓姿勢，但這個給人好感的努力卻變成吱嘎吱嘎的噪音。這是一種相當粗暴的現實，教學場所首先要把最初的熱愛分離出去。當然是這種愛把我們帶到教室門口，但也要把它留在門口。人們不能在成為幾何學家之前享有幾何學的樂趣。因此，在我們所有的慾望中，有一種完全意義上的詞：虛榮心。我們首先捕捉到榮譽，毫不堅實的東西，而我們在全部工作結束時收穫的卻是失望。當我們在學習的

1　阿爾賽斯特（Alceste）和塞麗曼娜（Célimène）是法國作家莫里哀《憤世嫉俗》（*Le Misanthrope*）中的主要人物。

沙漠中前行，我們獲得了力量，它使我們屹立於所有榮譽之上，這才是真正的榮譽。我在真正的小提琴家，或真正的歌唱家身上，捕捉到這種榮譽，因為他們身上最少吱嘎吱嘎的，或顫顫巍巍的虛榮心。

我還是回到拼寫、計算和閱讀，因為這才是我關注的目標。問題在開始時便已出現，這就是要求兒童對這些自身毫無興趣的目標感興趣。字母不會使任何人感興趣，使人感興趣的是閱讀。5 加 2 等於 7，也不會使任何人感興趣，而是依諾迪[2]使人感興趣。在懶人的煩惱裏，懶人總是期待快樂像魔術那樣降臨在他身上。

我們現在來看兩種經驗，一是關於字母的，一是關於數字的。我給你們一頁印有字母的紙張，你們把所有 a 劃掉。您馬上會想到，這沒有任何意義。我要小心地抹去這種不正確的思想，我給你們剛好 60 秒來做這件事。注意了，60 秒，不能拒絕，也不能原諒慌張，更不允許在這樣簡單的事情上出現小小的錯誤。從這個幸運的羞辱中，你們獲得了自信，你們發現一切依賴於自己。這樣的困境顯得特別陽剛氣。我們只能通過不可原諒的錯誤教訓自己。

小的數字令人心煩，大的數字使人感到壓力。這是一個對小數字感興趣的方法。人們輕易地把 5 加到 7 上。我

2　吉奧科默・依諾迪 (Giacomo Inaudi，1867 年 10 月 13 日—1950 年 11 月 10 日)，意大利數學家，長期居住法國。

給你們兩個數字一組的長豎式，你們把兩個數字之和寫在另一個豎式裏。我給你們正好 30 秒，結束時我挑選出沒有錯誤或基本沒錯誤的優秀試卷。這裏的每個人都自己檢查是否有錯。所有試卷都標記上完成的速度和錯誤數，所有試誤也都顯示出無用的小心。每個人都有一些穩步前進的想法，靜靜思考，無膽怯，無奢望，無自大。於是，他自己獲得了這樣的思想。我不企望人們會通過這樣簡單的實踐獲取很多教益，我只是想證明，願望的意義高於軟弱和怠倦的好奇。

57 / 他不因你的完美而完美，而是因自身完美而完美

人們總是急於決定事物性質的好或壞，而教育也不能改變這種狀況。我承認，教育不會把紅色變成褐色，也不能阻止他的頭髮變得捲曲。我也承認，這些標記不能一點不顯示。染成金色或黑色的頭髮、黃眼睛、優雅的風度、不結實的肌肉，一個生命的全部在這裏被寫成一個意思。所有行為、所有激情、所有思想都有這種陰鬱的顏色。而他說的和他想的其他事物將是玫瑰色、紅色或藍色。微小的姿態體現出這種或那種性質。但這個需要熱愛，金黃色或褐色，多血質的或膽汁質的，這些屬於人類，強大而自由。存在是什麼？沒有人能夠依靠鄰居的行善來生存或行動。

希望人能生而善良，這是一種幻想。我非常希望，有人能為我描述這樣一種人，根據其性格和眼睛的顏色，就肯定能抵制愛情的瘋狂，或控制住慾望，或消除失望。相反，那些被稱為有天分的人經常遭遇厄運，如果他們不能自制的話，厄運甚至比其他人來得更快。無論人的體質如何，任何激情都可能產生，任何錯誤都可能出現，如果不注意的話，兩種情況會相互疊加，此類事例屢見不鮮。當然，沒有可模仿的、單一的生活方式，每個人都有自己的運氣。地球上的人，有同樣多的方式成為惡人或

不幸的人。但每個人也都有機會獲得救贖，雖與他人有同樣的膚色，有同樣的毛髮，但卻是屬於自己的機會。他勇敢善良，憑自己的雙手和雙眼，顯示出智慧。但不是憑你的手，也不是憑你的眼睛。他不因你的完美而完美，而是因自身完美而完美。他也不能影響你的善，但醜惡與偏見可能影響他，善良也可能影響他。人們不是經常不無理由地說，一個人喪失了優秀品質，是因為他沒有操練這些品質嗎？

斯賓諾莎是一個苛刻的教師。然而，我不能理解其內心深處，也許需要拒絕承認，在其內心深處，用近乎過分的概念來表示，善是英雄般的自愛。任何人不能依賴他人的完美來自救，他應當在事實中發現其自身錯誤，在義憤中發現自己的氣憤，在慷慨中發現自己的雄心。同一隻手，可以去打人，也可以去助人；同一顆心，可以去恨，也可以去愛。常聽到有人對叛逆的孩子說，「能不能像你姐姐那樣乖？」對於這個有褐色頭髮的瘦女孩，也可以要求她像姐姐那樣有金黃色頭髮和胖胖的身體。我甚至可以說，美麗屬於每個個體，由此而來的和諧也是獨一的，因為根本沒有美麗的公式。我經常看到，按照通常的美的概念，一些特徵是美的，但很容易因為膽怯、慾望和兇惡而變得醜陋。人們還可以說，醜陋可以在容易認為美麗的特徵中更為顯露，固執與偏見對於精力旺盛的人和特別聰明的人刺激更大。而特別聰明的人屈從於享樂或諂媚時是什

麼樣呢？那麼一個能夠懂得一點事情的人能說是笨人嗎？他在這個理解的過程中，恰到好處。不是為了明天，而是為了明天做好今天的事。每個人都容易犯錯誤，而更容易犯錯誤的是那些自認為懂得很多的人。他們去哪裏，這個人和那個人，都要用自己的兩條腿，而不是別人的腿走路。

58 / 天才具有與所有人相似的好品質，但任何人與他都不相似

斯賓諾莎講道，人根本不需要馬的完美。苛刻的思想者所描述的這一看法，意味着所有人都不需要別人的完美。每個人將從中克服嫉妒的毛病，轉變一味模仿的心態。因此要把道德的原則作為自身的品質，努力把這些品質堅持不懈地保持在自身。如果擊劍者身材矮小，可以發揮其快速跳躍的優勢。當人們試圖模仿別人時，也許就是不滿足於自身現狀。人們也是為了他人而存在，如果他已有一些名氣，其自身存在的理由至少是想被他人認可。他便從這裏滑落到為他人而自我描飾。這便是虛榮。

這一怪癖意味着自我擔憂，甚至是自我厭惡。在關於人的利己主義研究中，人們發現人很少自愛。一位作者說，為了虛無縹緲的激情而自我犧牲，是多麼荒謬！因此需要去認識自己，找回自己。但困難來自於自我思想的普遍概念，這個普遍概念就是思想本身。一個對於所有人都有效的證明，但唯獨不是對我有效。在這裏，他走上了一條想要成為他人的歧途。他追逐一種思潮並以此為時髦。他向鄰居學習，甚至對彬彬有禮的鄰居的冷峻性格也要學習，但這種性格在虛假的輿論中不被看作開化。人們發現，在虛假的激情中，在不完全確定的判斷中，容易存在暴力。需要像所有人那樣克制自己。巴爾扎克寫出這樣驚

人的思想：「天才具有與所有人相似的好品質，但任何人與他都不相似。」毫無疑問，天才得以證明，不是光彩照人，卻是令人信服的。因為支持我的，幫助我的，是具有強烈自我感的人。

如同笛卡爾、斯賓諾莎、歌德、司湯達那樣善於防衛與躲避，理解我所命名的鱷魚本性的困難從哪裏來？這不過是一個非常久遠的誤會，為經院哲學所獨有，它使我們追求普世概念。一個學派的科學試圖通過一種思想把握諸多事物，那些誤入此路的人難以從這裏走出。當他們捕捉到熱等多種現象，並以能量這樣共同的思想工作，他們是多麼相信已經走到了盡頭。事實上，他們僅僅是開始。甚至是斯賓諾莎，他在他的告誡中總是那麼強勢與深不可測。他告訴我們，越是認識特殊事物，越是能認識上帝。具有思想並非是了不起的事情，一切在於實踐，就是說由思想而思考最新的差異。因此，對於斯賓諾莎，思想不過是工具或方法，一切都是新的，一切都是美好的。

再回到自我思想之路，我說需要普遍的自我思想。普遍不是概指，而是單一的、不可模仿的，是自我拯救。偉大人物只是關注於戰勝其自身的困難，那些隱藏在其性格之中的困難。僅僅緣於此，他們得以自救。我需要挽救一些完全是動物性的熱愛、憎恨、慾望的方式，它們像我的眼睛顏色那樣緊緊貼附着我。我要拯救它們，而不是將其殺死。在最不慷慨的吝嗇之中，也有一個秩序思想，這是

普遍性的，有對勞動的尊重，這也是普遍性的，有對浪費時間和揮霍財物的憎恨，這更是普遍性的。如果吝嗇者敢於作為他們自己，正是這些思想，因為正是這些思想拯救了吝嗇者，他們知道這些是應當做的。同樣需要說起抱負，如果真有抱負的話，他需要得到應得的讚賞，成為一個自由的人，一個與眾不同的人，一個堅持不懈的人。愛，通過更好地愛其所愛而獲得自救。笛卡爾在談到愛時說道，沒有不能良好運用的激情。我承認，他沒有對此做很好解釋，但每個人都可以在對自身的認識中實踐這一堅定的樂觀主義。追循笛卡爾，但絕不是想類似於笛卡爾。不，我還是我，正如他還是他。

59 / 當兒童懂一些事，自己便會做出一些令人讚賞的行為

我不止一次地聽人說，他在初等教育工作中，很聰明地滿足於閱讀和計算教學。我的理由之一是，自然科學是由經驗中的小片段構成，不過是給人以職業的經驗主義，因此需要從人類最早知道的科學開始，那裏有認識所有其他事物的鑰匙。但是，人們對於這個方法產生了一種面臨真正困難的思想，即至今難以實踐的問題。我想提供真正經歷過的經驗體驗。這是在戰前某些時間，人們感覺最先進的人民享有極其豐富的娛樂與財富，這曾是真實的。人們想到，有時間人為地處置這些儲備，限制那些經久耐用的東西。然而，繁榮的結果，即閒散與煩惱提前而至。

在那些時間，我把十來個小女孩和她們的家長召集到一起，教她們關於機械學和天文學的最基礎知識，但不是要求她們正確回答一些測試問題，而是讓她們充分地閒聊彗星和雙星。我不做任何表態，也不講任何技術詞彙。我想帶領她們用智慧去觀察天空的事物，我差不多達到了目的。在她們學習之際，我也在學習，事物對於所有人的思考都是有益的。

當從閒言碎語中解脫出來，當小學生能夠經受斥罵與嘲諷時，我們便可以發現她們像蠢人或傻子那樣說起許多事情，因為她們要為其他人用一個詞。於是，應當經常仔

細檢查最簡單的概念，換言之，老師看到的困難幾乎從未在學生那裏出現。我可以證實，其中一個小女孩確實在注意聽講又有天分，卻想要在太陽一側出現一條木棍的影子。但那時我們的房間陽光照不進來，需要合上窗簾，用一隻燈泡的試驗來教育這個小姑娘。如果不是最後的野蠻人的話，這種試驗的進展便很自然，其困難絕不是她自己嘲笑自己，而是讓她的小夥伴不要嘲笑她。

現在，我想說說什麼是基本困難，這就是避免喧鬧與紛亂。當兒童懂一些事，他便會做出一些令人讚賞的行為。如果他解除了對人的恐懼與敬重，你們就會看到他從思想到姿態都運作起來，就像在好玩的遊戲中，突然發自內心地大笑。相反，如果兒童不懂，你們會看到他嚴肅、傷心，一動不動，一言不發，顯示出我們的教育學家稱之為注意的全部標誌。當他偶然有一個思想，應該讓它有結果。學生通過老師的語句把思想拋出來，擾亂了其他人的思想，把所有人往後拖，或抬高被思想追逐的新對象，以致需要順從公雞到驢子的變化。令人尊敬的職業，對於教師也是奇妙的智力操練。是的，但不要忘記學生超過十個，老師與他們在一起。如果學生有六十個，我獨自面對他們，一手執着地球儀，另一隻手擎起太陽模型，你們能想到一刻鐘之前，我已經嗓子沙啞，神志不清了。教條主義和精神馴服開始發生。如果讓共和國的科學進入我們的學校，就會看到情況會發生變化。

60 / 讓科學精神滲透到各處

　　需要讓科學精神滲透到各處。我說的不是科學，而是科學精神，因為科學構建成一個巨大知識體，其最新的研究成果遍及光、電、粒子運動等領域，同時依賴複雜運算和完全不平常的實驗。十分清楚的是，關於鐳的研究還沒有恰當地給年輕人少許啟發，而他們只有一點點時間學習。

　　科學中最好的東西，便是最古老、最堅實地確立、為所有人在實踐中最熟悉的東西。重大推論的一個錯誤是想通過物理學家最新辯論的概述來培養兒童。一些學者主張完全拋棄牛頓的引力論，以設想一個趨向中心的壓力，行星由此壓力被推向太陽，而不是太陽吸引行星。我需要大量閱讀和長時間思考，以便確定那裏是否有關於詞彙爭論的其他東西，但這些細微之處對於兒童並不合適。我希望兒童首先要學習的是辨別天空中的方向，確定主要星座的位置，跟蹤太陽、月亮和最明顯的行星在其中運行的軌跡。之後，我們從星球表面的運動過渡到真實的運動，但不進入這些星球運行方向的細節，只需要說地球在轉動。其理由在於他們曾經艱難獲得的知識，需要兒童重新走這條路。泰勒斯、畢達哥拉斯、阿基米德、哥白尼足以作為兒童的導師。但那些從事教學的人並不關心最新的發現，儘管他們的工作從未圓滿，在人們向我們描述的關於鐳和電子的所有方面，也確有現象的錯誤，推理的錯誤，以及

判斷的錯誤。為什麼會有錯誤？在每個時期，在最偉大的物理學家身上都可以看到錯誤。讓我們任憑時間流逝吧，任何事物都將通過它的篩選。

同樣像電、電話、電報等最新的美好事物，有其各自的著名詞彙，使受教育的人比無知的人更為驚訝。這樣，人們就搭建了一張搖搖欲墜的思想之牀，思想本身已經躺下，它告訴人們，人類對一切都毫無所知。然而，對於槓桿、滑輪、浮體，幾乎通過格言，人類就能全都知道。富於營養的東西，不是酒精飲料，先使人興奮，然後使人昏睡。精神則是健康的。

在冠軍身邊起跑是不合理的。每個人有其自身的任務。天才的冒險家需要到前面進行偵察，他特別要想到身後越來越多的大批軍隊。我們這個時代的農民事實上仍然遠離索邦大學講授的機械課，課中講到一個西西里島的奴隸可以是思考浮體的阿基米德式的思辨者。民主的首要義務是使大批落伍者重新歸隊。根據民主的理想，一個不能教導民眾的精英，比領取薪水和票券的富人更不公正。我非常相信，這種為我們的機器付款而不是為觀念付款的學者的不公正，是其他所有不公正的根源。因此，這就是為什麼我在為兒童設置的科學課程中，將天文學融入簡單機械的學習之中，比如槓桿、滑輪、斜面、角、釘、螺絲、螺旋。我這樣做就是一定要啟發人的思想，解除人們普遍認同的鎖鏈，就是真正束縛思想的鎖鏈。

61 / 積累經驗便是學習的藝術

對人來說也有關於事物的課程。例如，在主要講授經濟學和道德的學校裏，可以帶領學生到煤礦參觀，這比講課有更好的教益。「真理聯盟」是一個值得尊重的自由人協會，它為我們提供一個「社區文化學校」的方法。從這個初次的運動，每個人都可以去驗證，但並非如此簡單。

我講過多次，在人們的所作所為之中，有一個規範思想的重大倫理。為什麼？因為所有真實的行動都需要經過時間的檢驗，以便成為被人們熟悉的事物。但是觀眾的作用不是那麼明顯，需要更多的耐心，並經常有機會觀看。如果予以充分注意，還需要經常乘火車以便認識鐵路線的分岔與連接。我聽說有人知道鐵路道岔與主要軌道，但這仍是很少一部分事情。一個新的演出只涉及想像，這種無結果的驚奇如同人們經常使兒童驚奇一樣無結果，如同要使兒童像伸舌頭的狗那樣注意。這就是為什麼我不相信旅行可以給人以思想的原因，或者需要慢慢地出行，也不要什麼都看。

我從眼鏡裏看月亮，沒有什麼不舒服。然而，太陽照射的山峯景象沒有給我教益。因為有一個學習的順序，很好地標誌出路線，但我絲毫沒有遵循，而是一顆星一顆星地漫遊。儘管做這樣多的觀察，並使我逐漸真正地對帶來

的東西注意起來，但並未能夠熟悉這些東西。同樣說起恆星、太陽、行星，我都是遠遠地觀看。動物性的好奇心促使我看它們好像變大、變近，但人性的好奇心卻讓我長時間地停留在最初的表象，以致使最簡單的關係不被擾亂。著名的第谷·布拉赫[1]根本不想用眼鏡，而是用定向尺和繃線。如果迦勒底[2]的牧師持有我們的高倍望遠鏡，就不必去學習主要的科學了。觀察能力的發展快於解釋的藝術並非好事。對於一個電話員，雖因其職業能夠看到所有事情，但真是什麼也不了解。工業實踐，由於實用的原因，深深地隱藏了重要的東西。當人向我介紹全部齒輪時，總是把輔助的部件掩蓋着核心的部件。

所以，明智的是先學習槓桿、吊車、鐘錶，而不是一上來就學習電子。經驗不是一件小事情，積累經驗便是學習的藝術。我不那麼相信技術員的經驗，那麼一個參觀者的經驗意味着什麼呢？思想形成於猜測，思想是在溝塹上架橋。工人的一隻手體現了諸多勞動的標誌，而真正的思考最終總是呈現出簡化的圖像，這種簡化猶如絞車立即顯現為槓桿和滑輪，而不是隱藏機械原理的真實機器。更為

1　第谷·布拉赫 (Tycho–Brahé，1546 年 12 月 14 日—1601 年 10 月 24 日)，丹麥天文學家兼占星術士和煉金術士。

2　迦勒底 (Chaldéens)，是一個古代地名，屬巴比倫尼亞南部，即現今伊拉克南部及科威特。公元前 625 年至前 539 年，開始有部落進入該區居住，這些部落的住民就被稱之為迦勒底人或新巴比倫人。

真實的經濟機器的獨特魔法，恰恰是阻止人們看到其運行機制。銀行不允許非銀行人士進入。兌現的問題便是更好的教益。

62 / 數學是觀察者的最好學校

有時人們問我：「實物課的目的是給兒童關於外部必然的最初認識，您如何理解它？」我這樣回答，實物課應當是算術和幾何。事實上，所有科學都是開始於幾何學，我差不多知道這是為什麼。實物可以通過數和量的場景教導我們。當兒童發現輪子的半徑與圓周的關係，他就可以測量任何想測量的物體，可以自己通過小木樁和拉線在地面上，或通過圓規在紙上畫出不同大小的圓形並進行測量。關於圓、角、弦的深入學習只是這一直接調查的後續學習，這一觀察方法的完善根本不需要猜測，也不需要假設。在這裏可以看到孔子的名言：「科學的目的在於認識物體，當物體已知，科學即完成。」[1] 如果有人懷疑 2 + 2 = 4，是因為他還不懂得 2、3、4；如果知道數胡桃、小拐骨、小木塊，或紙上的點，很快就會懂得數的內涵，可以正着數和反着數，沒有任何可以被隱藏的。所以我說，數學是觀察者的最好學校，甚至是唯一的好學校。

在數字和圖形之外，世界上沒有任何東西可以迷惑我們，可以被矯正。星辰從東方升起，在西方落下，但它

1　此段話為直譯，中文原文為：「致知在格物，物格而後知至。」——《禮記·大學》

們真正的運動軌跡是從西到東。當看到太陽和月亮真實的運行軌跡，需要想到是純粹的表象。看起來這兩顆星在天空中走同一條路，需要想到一顆是地球的衛星，另一顆卻是中心星，地球只是其衛星。對於更為複雜的科學，更加明顯的是，表象不會教給我們任何東西。相反，這需要假設，需要猜測，需要證實假設。簡單地說，要戰勝無處不在的表象。科學史使我們看到，如果不能首先有幾何學的準備，就不能戰勝表象。在幾何學和算術上，沒有任何需要戰勝的表象，也沒有任何神祕的東西。當我把 5 加上 7，就是 12，運算完全是透明的，不需要經過任何我不知道的階段。同樣，如果把拉線圍繞小木椿直至開始的位置，我可以得出任何度數的角。於是我們可以看到，正是這些知識才是天才和神明交付給我們最基礎的知識。因為神明已變，現在我們應當拋棄數學是最難學的學科這樣的偏見，相反，這是最容易、唯一適合兒童的學科。

63 / 對於真實的寶貴觸摸，可以獲得清晰的經驗

　　小學生把他們紅色和白色的小方塊集中起來，組建從個位數到十位數，從十位數到百位數的幾組數，10 個百構成千，同時也用分米方塊組建數字。這樣，數字成為實物，形狀可以驗證計數。但時間在流逝。曾經講過數學課的督學看到這些便說，「實際的方法有其好處，但最好應用在講授事物的性質時，而不是在講授數字的關係時，因為這是抽象的事物。計算的方法很簡約，需要我們注意細節和真實個位數的組合。當你們做加法時，不要想幾十、幾百、幾千，一切簡化為簡單的運算，只要把數字對齊就可以了。按常規對齊數字，可以放鬆思想。沒有人在計算千數時想到上千個物體。同樣，在代數轉換中，人們會忘記數量，只會想到其關係。對於所有運算，我首先將目標設定在兒童進步快的和不會出錯的內容方面。」

　　教師是一個在戰爭中成熟起來的質樸賢人，他面對督學描繪的教育圖景時平靜地說：「如果您認為數學是一種實踐，您有一百條理由。人們可以不加思考地計算，做代數。同樣，我要把兒童置於謀生的狀態，像訓練猴子那樣訓練他們。但我也會留一定時間來思考，因為時間很短，我來不及等到上物理課，在物理課中抓住思想很難。此外，如果從熱或僅僅從壓力開始思考，而不準備考慮更簡

單的關係，就可能培養出會思想的猴子，人們會看到有些過分。幾何可以保全代數。但歐幾里得[1] 幾何對於我的同胞太過沉重。至少我停止擺弄我的方木塊，去思考數與形之間最簡單的相關已很久了。這就是我的實物課，我總是想到這樣學習數學是觀察的最好學校，而現在更接近於認為這是唯一的好學校。因為看到水在沸騰，或結成冰，並看不到差異，僅僅是相信，而對所相信的東西並不了解，不像我的小方塊，不會讓擺弄的人出錯。同樣，我們可以從科學發展史中看到，這些關於數和形的知識是天才和神明最早交付給我們的。已經充分證明，這些知識是最容易學習，並適於兒童學習的知識。通過這樣對於真實的寶貴觸摸，人們可以獲得清晰的經驗，由此而造就人。」

他沉思片刻，然後說：「簡約離實物太遠，割裂了思想與事物的聯繫，我們在這個分裂的思想中看到奇怪的效果，甚至在受過教育的人身上也是這樣。2 的平方是 4，2 的立方是 8，可以通過簡約的方式來思考，但雙面的平方絕對排斥其四倍的其他的面，一個立方體必然包含 8 個相等的小立方體。這是自然規律，所有人都必須服從這些規律，物理學和化學也不例外，公約與便利的脆弱思想便被抹去。靠簡約思想的人的通俗老調，無法與強大的理性

1　歐幾里得（Euclide，前 325 — 前 265 年），古希臘數學家，被稱為「幾何學之父」。

相比擬。如果有人剛剛向他們說，一些新人避開了能量守恆的原理，您會看到他們並不反對。如果人們告訴這些孩子，一個製成雙面立方體的稀有材料具有9個小立方體，也許會有兩三個孩子會笑話物理學家。然而，一個人總是需要進行驗證，保持判斷經驗的精神力量。您想過戰爭主要源於判斷的無力和機械思想嗎？」

督學已經騎在機械論之上，他說：「魔鬼根據鐵律晃動雙腿，戰爭已經結束，不要再說了。」他在執行審查官的職責，他要忘掉這些沒有榮耀的記憶。

64 / 懷疑不是在知識之下，而是在知識之上

　　對於知識或能力，我們需要選擇。不計其數的人想在屋頂架設天線，他們相信這樣可以觸及科學。但他們正在偏離方向。這是一次狩獵，把陷阱設在不見獵物蹤跡的地方，但也算是狩獵。能力的好奇心，並非知識的好奇心。那些在巴黎聽到牛津夜鶯歌聲的人，既不知道自然史，也不懂物理學。更糟糕的是，他厭惡學習，在極其容易地校準遙遠音樂會的位置和極其困難地了解建造如此大面積的電容器和如此長度的線圈整個工程之間，存在極大的反差。如果確實想知道一點兒東西，也需要一個較長的迂迴。為什麼不能選擇一種從手指到耳朵這樣輕鬆的能力呢？當人知道選擇時，借用這樣一句名言，即應當選擇知識造就能力。飛機在沒有理論家的允許時起飛，技術員在嘲笑理論家，這樣傲慢的蠢事在驚奇地蔓延。

　　有一天，某個蠢人說，如果不是高深的數學家，最好不要說能量，因為能量屬於積分的範疇，而積分的符號好比具有懾服力的遊蛇。有趣的是，我遇到一位數學家，他建議我不要把積分同簡約的事物那樣去理解，雖然積分也是一種簡約。需要理解的是，在這一工作的總和中稱作「能」的概念，完全與我們的蠢人說的相反，而是要求排除簡約，要經過長時間思考，以泰勒斯的方式，在最簡單

的情況下解析，其總和可以由四個規則輕鬆計算，就像由絞車高揚起的鍛錘在樁頭落下的情景。在鍛錘的衝擊中，可以找到由手柄操縱的工作總量，由長度所產生的力，也已經是一些能的東西。那麼，什麼是這個蠢人使我們偏離理解方向的原因呢？這是時髦的人，他以技術員的姿態講話。著名的柏格森[1]的思想從不趨時髦，其思想成為時尚是運氣使然，技術員的奉承者沒有這樣的運氣。

根本不需要自我蒙蔽，而相反需要想到科學中的另一種進步，一種從未見到的進步，並將在所有人中傳播一些真正的科學。讓機器前行，機器正在前行，機器將要前行。但為了能夠拯救機器製造者精神的另外一種進步，泰勒斯通過其在幾何學和天文學的雙重貢獻，已經做得相當充分。因此我期待一個具有強大操縱能力的電氣專家，根據太陽的運行和地球的形狀來推測，在哪些地區的某些時間陽光能照射到井的深處。泰勒斯從南方開始此事，為其尋找新的事件，尋找沒有他而發生的事件。經驗能夠改變人。在這些探尋中，人們認識自己的位置。為什麼？因為他在漫無邊際的客觀事物面前，什麼都不能改變，也不能操縱與改變夏至與冬至之點。他在沉思中改變自己，通過思考知其所知。由此，他解除了懷疑，而技術人員無論如

1　亨利・柏格森（Henri Bergson，1859 年 10 月 18 日—1941 年 1 月 4 日），法國哲學家，1927 年諾貝爾文學獎得主。

何自我吹噓，卻不能解除懷疑。懷疑不是在知識之下，而是在知識之上。

65 / 幾何學是一個美妙的世界

　　只有比綜合技術學校的學生更高明的人才有可能把13與12 + 1混淆起來。12有其相貌，1也有其相貌，清楚的是，13既不像其一，也不像另一。我把1加在12上，便轉變為一個總和，如同增加這一個位數便使其他一切都發生變化。此外，誰只知道人們命名為3、4、5的個位數？當新兵在操場列隊時便是這樣，每個人都是平衡的獨立體，具有不可模仿的面孔，人們相對而視。我假設，綜合技術學校的學生在這裏看到的只是新兵，但我也不能肯定，因為綜合技術學校的學生本身已是大自然的傑作，他們有思想，只是在他們推理時，對思想有所警覺。正如人們所言，他們構建普遍思想，他們就像計算麵包或炮彈那樣計算人數。當然，一個麵包已經是一個實體，但炮彈完全算不上實體，可能佈滿不屬於自身的鐵鏽和偶然的標記，成為與機械相類似的東西。

　　數量在某種意義上說也是機械。我加上1，再加上1，會計的合併與分開如同機械師的鏈接與分離。他計算總和、產品、日產量，他對此不加思考。對此驗證的是計算器在計算總和、產品、日產量，比會計計算得要好，不建立任何真正的數字，也不添加或劃分由一個齒輪、一隻鐵棘爪、一個限位點、一顆螺絲產生的一個和另一個效果。

既然計算器可以這樣做，一個推理的機器也可以這樣做。代數便是這樣一種推理的機器，你們轉動手柄，就可以不費力地獲得結果，而依靠思想獲得這樣的結果卻要付出無限的辛苦。代數猶如一條隧道，您在山下通過，而不必經過村莊和彎路。您到達山的另一側，但您什麼也沒見到。

幾何學是一個美妙的世界，比如真實的數字等許多獨特的思想在那裏誕生，但又比數字更接近自然一點。如同 13 不是 12 加 1，同樣明顯的是，面積不是線的總和，體積更是另外一種存在。六邊形根本不是多出一角的五邊形，正規五邊形和正規六邊形的構成非常清楚地表明這是兩個存在，每個存在都有其自己的面孔。正規的固體，如無雜質的水晶，在幾何學的旅途中表現為山峯與懸崖。其中可以看到人的思想，集中了經驗與想像，以及每一步驟的推理。

代數則像沙漠的風一樣從上面吹來，思想的機器輕鬆地製造出所有系列產品。這些產品將發揮巨大作用，並引起極端冒險的思想，就像要製造四維固體。用代數的方法，可以獨立運行，但用幾何學方法則不成，因為缺乏經驗。如果說時間是空間的第四維，可以用代數的方法獨立運行，經驗在這裏則說不行。

66 / 不能思考語言的人就不會思考

一切思想方法都包含在語言之中，不能思考語言的人也不會思考。根據這一思想，人們會容易理解，思想不會出現於只懂得一種語言的人。他所學習的只有無法取代學校練習的版本和主題。在此有人詢問為何活語言不能等同於拉丁語修辭學。這是一個無邊無限的問題，我無法回答，但可以討論一下更為容易發現的主題。

一個具有極高文化素養的年輕人是一些英國詩人的朋友，他稱這些詩人是真正唯一的詩人。年輕人相信能夠通過最高級考試，並可以教法國人英語修辭。他的作文成績排在前列，他在口試開始時感受到善意的期待，但當他開口發出「th」和「w」的語音時，卻遭受了鄙視。考官先是驚奇，然後感到可悲，因為坦誠地說這個年輕人從未跨越過芒什海峽[1]。考官建議他時不時地坐一坐倫敦的馬車。這種建議並未使他愉快，他認為這種乘馬車的事還是留給那些善於做怪相的人。

我聽說有人這樣講，一個英語課的督學，在一所高中裏從口袋拿出一個小鏡子和一支鉛筆，以此來向學生和教師講授英語課。他向師生展示如何利用鉛筆，對照小鏡子來練習捲舌。師生們終於利用這一工具較好地發出了困難

1　芒什海峽（la Manche），為法國人的命名，即英吉利海峽。

的「th」音。通過這種方法，通過英國裁縫般的細緻，也可以具有英國人的氣質，甚至某種英國人的思想方式。但這僅僅是動物的模仿。這種成功使自己變得陌生，絕對的陌生。正如一個人可以完美地模仿一間客廳的裝飾，但他不能從此走出。這個怪相便是他的思想。從這些我們稱之為英語教師的英國產品裏，我不止一次地觀察到的一種可笑的翻譯方法，既是專斷的，又是不當獲取的，還是令人鄙視的。他們變化着嘴角的皺紋，這種工作對於思想是怪異的，但被足夠鄙視了嗎？太過擔心被嘲笑會影響一切思想。

假設西塞羅正在羅馬進行訴訟。在從羅馬帶來崇敬模仿西塞羅鼻音的遊歷者面前，我們滿腹句法論的拉丁語導師，是何等面孔？可以真切地說，我完全理解一個人能夠像西塞羅那樣帶鼻音講話的行為。每個人都知道這一交際方法，模仿一個人是為了揣摩其思想祕密。不止一次地運用這一模仿者的方法，我可以在我身上發現別人的腦腴的迴響，或是他的慾望，或是他的疲勞，或是一種神祕的寬恕，儘管被習慣地隱藏，都可以感到迴響。但這在事務工作上並不重要，不過是蠢人般的狡猾。如果我同西塞羅打官司，我會根據其語音和姿態更好地猜測他為自己所設的防衛。但這包含着什麼呢？他的精神來源是什麼呢？什麼是他思想的結果呢？可以在那裏找到一個人嗎？幸運的是，沒有一個講拉丁語的酒店門房。因此，這裏既沒有鉛筆，也沒有小鏡子來幫助我們思想。

67 / 需要閱讀和再閱讀原版書

　　我相信，關於人文主義的書籍並非不計其數，都不足以填滿一間教室四面牆的書櫃。當然，我沒有算上那數千冊僅僅是評論的書，但清楚的是，如果真正讀懂重要的人文書籍，讀那些評論還是必要的。永恆的著作被集中在這間教室裏，每一本都是最好的版本，每一本書都具有傳統文化知識的價值。我根本沒有聽說過，有人會做這些書的概要，因為這樣會完全丟失人們所關注的思想。人們可以直接讀柏拉圖、蒙田，或聖西門的某些段落，知道他們定義的，或闡明的觀點，或列舉的證據。我特別憎恨有人說「差不多」，或用糟糕的語言表述某一作者的精彩論述。我讓青年人，包括我自己來練習這樣詢問：「一部小說是人們走在路上的鏡子，誰在說？在哪裏說？」或者這樣問道：「為我找到柏拉圖的皮囊[1]，以及賢人、獅子和水蛇。」「為我找到亞里士多德所說的女人及服從的必要性。」「為我找到蒙田的事故。」需要他立即起來，毫不猶豫地打開書，把手指點在這些章節上。至於註釋、書卡、索引，我根本不需要，因為需要閱讀，再閱讀，熟知所有章節，包括帶插圖的頁面。

1　柏拉圖的皮囊，為柏拉圖的隱喻，意為人是一個皮囊，裏面有賢人、獅子和百頭水蛇。

在這個無拉丁語的文化中，我發現更糟糕的是人們不會閱讀。原版書及其主題有一種能力將我們把持在印字的長方框前，就像雕刻愛好者被美麗的雕刻所吸引。雕刻愛好者只說「我認識它」，然後便一言不發，他要觀賞，再觀賞。對一幅美麗的插圖，需要認真研究。它的整體，它的各部分的關聯，它的光亮與陰影，或是觀察細節，或是退後看整體，需要學會觀察。在這裏，任何東西也不能替代原版書及其主題，也不能替代拉丁語。

有人想超越原版書，但是他們做不到。我們當然可以試一試，在嘗試時這樣想，文化是這些去而不返、去而不停的閱讀的首要敵人。我說的所有這些主要書籍都是法語版本，人們當然可以從中受益匪淺。當如何訓練注意力？需要再閱讀、背誦、抄寫和再抄寫。如果英語、德語、意大利語文本可以同拉丁語那樣引起人們對文學的注意，我便不做任何決定。首先需要回來用耳朵聽你的發音是否與這些國家的人的發音一樣好。遺憾的是，你們會看到這種做法會形成另外一種注意力，我認為這種注意力會傷害思想。這在某種意義上說是一種根據口唇的動作捕捉意義的技巧，完全與慢慢地讀、謹慎地讀、反覆地讀、充滿疑問地讀賀拉斯[2]或塔西陀[3]的著作相反。他們的面貌從未

2　賀拉斯 (Horace，前 65 年 12 月 8 日—前 8 年 11 月 27 日)，古羅馬詩人、批評家。

3　普布利烏斯·科爾奈利烏斯·塔西陀 (Tacite，58 ? — 120 ? 年)，羅馬帝國執政官、雄辯家、元老院元老，也是著名的歷史學家與文體家，最主要的著作有《歷史》和《編年史》等。

改變。我承認，莎士比亞的著作非常值得閱讀，但誰會阻止人們把閱讀其著作作為理解一個英國人或理解一部戲劇的途徑呢？人們總是試圖理解那些咬緊牙齒的口中說出的話。於是，我們總是處於模仿的猴山之中。

68 / 根本沒有現代的人文主義

　　根本沒有現代的人文主義，以此理由進行合作的也非社會。需要由過去來啟迪現在，非經於此，當代人在我們的眼裏就是令人迷惑的動物。如果我們缺乏學習，我們就是這種動物，如果他們缺乏學習，他們也是這種動物。發明無線電話的人不過是有創造才能的動物，他所顯示的思想有着其他來源。

　　我看到一些不信教的人什麼都不滿足。教會的教義乍一看是無法證明的，甚至是荒謬的，因此不去管它。那些從時間角度觀察事物的人，隱約覺察到以人的道義講話的其他神祇，其他儀式，其他廟宇。一連串的難解之謎令人驚奇，綜合技術學校的人竟然去聽彌撒。人們去聽彌撒，需要接近，需要認識一下法治之下民眾，即古羅馬人的內心世界；需要認識一下善於辯論的民眾，即古希臘人的內心世界；也不要忽視相互愛慕的民眾，即猶太人所具有的無雕琢和無法實現的崇高。這裏是由無限的恐懼，由對從手到腳，對從餐刀到黃油罐的迷信而形成的崇高。而另外兩類民眾，與我們如此接近，但卻是在另一側面，他們有的全部都是森林之神，特別是山丘之神，以及聖賢、占卜

官和腸卜僧[1]。古埃及和亞述[2]形成在遠方的土地上,它們更是深不可測。東方國度的夢幻之後,還有波利尼西亞人[3]的舞蹈。猶太人、古希臘人、古羅馬人在不同知識領域是那麼超前,同時也保留了驚人的錯誤,如果人們幸運地熟悉他們,就會忽視其他所有人。那些由於不當地懷疑宗教而對此忽視的人仍處於野蠻狀態。蒙田可以醫治這種無神論,他把我們帶到古人那裏,需要到那裏去。有些人把帕斯卡爾看作瘋子,笛卡爾則去洛雷托[4]朝聖。因此我聽到有人說,缺乏一種回溯文化的現代人,看到的只能是瘋子。我等待通靈論[5]、神智學[6]等所有驚異學的結果。因為這是過去的時刻,需要通過一種手段跨過它,超越它。經典的學習保證了在這個地球上能夠腳踏實地,人在那裏專注於相信而不投身其中。我們瘋狂的戰爭就是源於過分相信,因此戰爭總是發生在那些毫無所見的人身上。

1　腸卜僧 (haruspice),古羅馬根據犧牲的內臟占卜的僧人。

2　亞述 (Assyria),古代西亞奴隸制國家,位於底格里斯河中游。公元前 3000 年代中葉,屬於閃米特族的亞述人在此建立亞述爾城後逐漸形成貴族專制的奴隸制城邦。

3　波利尼西亞人 (Polynésien) 是大洋洲東部波利尼西亞羣島的民族羣,其起源尚存不解之謎。

4　洛雷托 (Lorette),位於意大利中部,相傳為天主教聖母瑪利亞的誕生地。

5　通靈論 (spiritisme) 可以被認為是迷信,或神祕學,或一種學說。通靈論相信某些特異現象為實體之外的精神,死去的人與活人可以由此進行交流。

6　神智學 (théosophie) 是一種宗教哲學和神祕主義學說。神智學認為,史上所有宗教都是由久已失傳的「神祕信條」演化出來的。

打電話的波利尼西亞人，並不是普通人。在血淋淋的
祭台上，沒有神。所有血淋淋的祭台上都沒有神。人們沒
有充分看到，玫瑰樹上已有的玫瑰花，人文主義者用混合
着博迪昂[7]之水的血來洗手。酒神的女祭司[8]返回到大理石
的橫欄前。詩人治癒了瘋癲病。心中的驚異被規訓，一個
神抵消了另一個神。半人馬[9]奔跑卻不能拋棄恐懼的負擔。
蘇格拉底和菲德拉[10]赤腳在水中嬉戲。這是我們的赫拉克
勒斯[11]的工作，是我們的精神之旅，由此抹去人類紋章上
的低級狂熱，而毫無傷害的熱情在此趨於成熟。饒勒斯[12]
是典範，是所有人的典範，是比鍛造者更好的典範。因為
所有力量都是令人生畏的，甚至是對於力量本身。那麼純
文學可以為所有人嗎？為什麼不呢？看一下對面的思想。

7　博迪昂 (Bauduen) 是法國普羅旺斯－阿爾卑斯－藍色海岸大區瓦爾省的一個
　　市鎮，因其洞泉湖而聞名。

8　酒神的女祭司 (Bacchantes)，為古希臘神話中的酒神狄俄尼修斯 (Dionysos)
　　的女祭司，常現以披虎皮的半裸身體，戴常春藤頭冠，手執酒神杖的形象。

9　半人馬 (Centaure) 亦稱人頭馬，是希臘神話中一種半人半馬的怪物。他們的
　　上半身是人的軀幹，下半身則是馬身，也包括軀幹和四腿。

10　菲德拉 (Phèdre)，希臘神話中彌諾斯的女兒，忒修斯的妻子，與忒修斯生得
　　摩豐和阿卡瑪斯。

11　赫拉克勒斯 (Hercule)，希臘神話中最偉大的半神英雄，男性的傑出典範。

12　讓・饒勒斯 (Jean Léon Jaurès，全名 Auguste Marie Joseph Jean Léon Jaurès，
　　1859 年 9 月 3 日—1914 年 7 月 31 日)，法國社會主義領導者，最早提倡社會
　　民主主義的人物之一，並因其宣揚的和平主義觀點及預言第一次世界大戰的
　　發生而聞名。

69 / 在崇高之處也有不幸的色彩

人們為了獲得智慧而問道何為目標,「首先是古希臘語」,這就是我對於這個問題的回答。你們的目標可以是數學或物理學,歷史或道德,政治或經濟,或簡單地以思想為樂,我卻要對你們說:「首先是古希臘語。」當然,我也汲取現代的營養,但總是在荷馬和柏拉圖那裏找到一切的開始,純粹的開始。人們對我說,拉丁語、德語、英語可以帶來一種文化,一種風格,甚至是一種啟迪。但我確實是十足的辛梅里安人[1],我愛我們的霧,我愛我們的雨。我經常感到在希臘語中尚未抹去的一種厚重的野性。在純拉丁語中,我感到的文化,是另外一種厚重,是法律的厚重。

古希臘曾經是不信宗教的島國。在著名的智者之前,我只看到盲目的信仰,在他們之後,我只看到狂熱崇拜、信仰之花、聖人。所有這些構成了我們的品質。古希臘使我愉悅,我沒有選擇。我在古希臘人身上看到了和平的典範,那個時代的雕塑藝術為我們展示了這一點。在柏拉圖那裏,在荷馬那裏尤為明顯,我們看到了長跑的競技者,不知是人還是神。這種藝術,這種精神,這種風格的美妙之處,是人完全地、愉快地接受了其作為人的狀態,是

1　辛梅里安人 (Cimmérien) 是一支古老的印歐遊牧民族。

尋求其頭腦之上的完美，在人身上存在的一種永恆的競技者。這意味着黑格爾[2]所說的靈魂與身體的和諧。

從此之後，我再也看不到人的完美努力，而要跳出自己的陰影則是徒勞的。以蔑視激情為色彩的靈魂的雄心，把我們置於幽默的境地。在歐洲高峯的人文主義有着由美好到崇高的經歷。在崇高之處，也有不幸的色彩。古希臘人因其罪過而不幸，只因為正義。現代人發明的不幸則源於道德。永恆的奧德修斯[3]從這一險境脫身，也從其他危險中脫身。人們明白，為什麼我對那些投入到危險的思想職業之中的人這樣說：「重新啟動你的全部激情，重新開始我們的思想。穿上希臘的便鞋。」

懷疑，是美好時刻。沒有懷疑，信仰就不會被知曉。需要重新走這條路，但不是僅僅一次，而是上千次。一種思想，便是一種文明。需要從愚蠢的信仰出發，需要從那裏解脫，因為人總是在建造同一事物，從肚子到心臟再到頭腦。有過這樣的時刻，我們思想中的埃及人，有着如同我看到的埃及人的面孔，這個人就被一種思想所攻擊。希臘人應當以類似於泰勒斯幾何學般令人崇敬的裸體跟隨。之後是彩繪玻璃上的聖人。只是我的好朋友（如同蘇格拉

2　格奧爾格・威廉・弗里德里希・黑格爾 (Georg Wilhelm Friedrich Hegel，1770 年 8 月 27 日—1831 年 11 月 14 日)，德國 19 世紀唯心論哲學的代表人物之一。

3　奧德修斯 (Ulysse，原文如此)，希臘西部伊薩卡島之王，曾參加特洛伊戰爭。

底所說）關注於拯救這個你需要的赤裸的人，同時還要拯救你的靈魂，以便像歷史那樣迅速地奔跑。因為並非全都說出，或者所說的未被考慮。一切都是新的。可以看到，這些穿戴齊備的人在其肉體中，在其政治中，在其道德中消逝。如果泰勒斯、梭倫[4]、柏拉圖重新回來，卻可以從中看到總是同樣的問題，總是同樣吼叫的女預言者，被束縛的與顫抖着的思想者。希臘奧林匹斯神戰勝了動物神，這是好的標誌。但總是重新開始，不要扔掉你的希臘語法。

4　梭倫（Solon，約前 638 — 前 559 年），古代雅典的政治家、立法者、詩人，古希臘七賢之一。梭倫在前 594 年出任雅典城邦的執政官，制定法律，進行改革，史稱「梭倫改革」。

70／我們的思想不過是一種連續的追念

　　當我讀荷馬的著作時，我與詩人在一起，與奧德修斯和阿喀琉斯[1]在一起，還與讀過這些詩的人在一起，甚至還與僅僅聽說過詩人名字的人在一起。我為他們和我自己敲響人類的鐘聲，我在聽人的腳步聲。由人文主義的美好名稱構成的共同語言指明了人的追求，指明了對人的標誌的探索與沉思。在詩歌、音樂、繪畫這些標誌之前，不是要去調解，而是調解已經完成。然而，人們假裝相信人類社會還遠遠不是現實，法國、英國、德國，這都是事實。

　　既然已經處於這樣的位置，就要強化它。如果你遇到一些有思想的軍官，問一問他是否熱愛還是僅僅尊重現實。不！對於現實，需要考慮，甚至需要特別關注。相反，我們應尊重與崇拜一些也許根本不存在的思想，但卻是應當存在的思想，如勇敢、公正、克制、智慧。如果任憑這些軍官製造輿論，我們就會讓那些對社會治安的悲觀思想出現，如那些關於道德的條款，而這是我們思想中極少關注的。我甚至說，我們極少關注我們的反對者的思想。因為任何人在任何時刻，都按照應當的作為規範自

1　阿喀琉斯（Achille），古希臘神話和文學中的英雄人物，參與了特洛伊戰爭，被稱為「希臘第一勇士」。

己，而不與任何其他價值相一致。

還有更好的要說。人文主義已經存在，人文主義是事實。以自然主義看待事物的孔德，最終看到這一偉大存在，看到這一超過我們視野的偉大存在。他把這一驚人發現給我們看，並說人文主義是最現實的、最具活力的已知存在。他的話引起了巨大反響，是何種祕密警察把牆壁封上軟面？孔德的弟子說不缺少社會學家。我不知道是誰還能發表這一偉大思想，一個姿勢便掃除了一切，遠離了一切。一個要使這一思想復甦的大學生隨即在他的導師臉上發現不耐煩的跡象，然後是氣忿的跡象。允許我崇敬這一態度，不原諒任何冒犯者。

以下是這一學說的要點。孔德首先看到，現實中的合作不足以確定一個社會，而是過去與現在的聯結形成一個社會。但不是那種事實的聯結，動物的聯結，不是因為人對於構成社會的前人的繼承，而是因為人對前人的追念。追念是對死者偉大品質的再生，是偉大死者的復活，也是對這些純淨形象的認同，對死者所推崇的事物的敬仰，對死者所經歷的珍稀時刻的敬仰。偉大的著作、詩歌、雕塑是崇拜的對象。對偉大死者的頌歌永不止息。他並不是在這樣偉大的樹蔭下尋求庇護的寫作者，也並非演講者。在他提到的每一行文字中，甚至並非所願，都體現着人類天才的標誌，並經所有語言刊印。正是由於這樣的崇拜，人才成為人。假設人喪失這些偉大記憶、這些詩歌、這些優

美的語言，假設人局限於自我防衛，局限於防衛營地，局限於警笛鳴叫和氣忿之中，局限於周邊壓力的身體之中，他就是找食的動物，就是在障礙物前張口亂叫的動物。

　　要思考人文主義，或什麼都不想。孔德差不多這樣說，「不斷增長的死亡分量，越來越控制我們不定的存在。」要聽好，我們的思想不過是一種連續的追念。伊索、蘇格拉底、耶穌都在我們的思想裏，其他人一點一點地上升到人的天空。思想的最小碎片散落在祭壇上。詩歌、寓言、圖像、圖像的碎片、人的飾物，所有這些難解之謎都是我們思想的對象。根本沒有民族的思想，我們能想的只是在大的社羣中所想。我們直接或間接地，不間斷地同先賢的幽靈保持聯繫，他們的著作、詩歌比青銅器更為經久。這個社會根本不需要去建設，它已經存在，它在擴大其知識寶庫。帝國在消逝。

71 / 以人的觀點去思想

　　長期以來，我都以為希臘語高於一切，因為柏拉圖無人可比。現在我傾向於認為拉丁語也許更有利於思想。它與我們更近，而我們的語言本身處於最近的位置，只是詞彙的形式需要引起我們注意。此外，拉丁語更深刻地使我們變得強烈，變得更好。但不是通過思想，而是通過與我們生活相對直接的形式。因為姿勢、態度、熱情，以及我們所有的肌肉運動都與語言直接聯繫。這些有力的筆法，一個詞與另一個詞的過渡，維吉爾的謎語，就像農民的語言那樣，以姿態的方式完成了我們的思想。每個人都通過經驗知道其真正思想重點首先在其省份。對於我，我是以諾曼底[1]農民的姿態思想，而不是以市民的姿態思想。但拉丁語更為質樸，其思想根植於大地，充滿希望。因此我經常看到，希臘語有更多教益，而拉丁語更利於起步。

　　我對拉丁語的認識足以使我對優秀拉丁語專家表示尊敬，甚至可以對其定義。這是一個不運用自己智慧的人，至少是不過早地運用人們所相信的智慧。對於他根據語法規則和詞彙的本意來行事，我感到驚訝。當智慧被壓抑到句法的一些節點上，即使總是機敏靈巧、雄心勃勃，也是

1　諾曼底（Normandie）是法國西北部的一個地區。

一個粗糙的課程。因此，我們被喚起承擔以人的觀點去思想的責任，我感受到人類慣常的標誌，但這絕非我們的心血來潮。我們抽象的思想者總是被忘記，因為他們毫無文采。我們需要去理解的不是思想，而是物體與標誌，標誌即是人類的物體。我甚至說，太陽、月亮、花朵或六月的玫瑰等物體，留給我們太多的自由，因為它們象徵着太多飄忽不定的幻想，或是抽象的思想而不是神聖的人類標誌。它以其自身的熟悉的或陌生的魔力，使我被其形式所征服，正如我所願，我感覺很好，但不是我所知。陌生者從不被認識，因為他明白，哎！他失去了自己，也失去了我。幸運的是，塔西陀是不朽的標誌，但僅僅是標誌。所有藝術作品都是由其威嚴的標誌而完成與確定思想，但是在寫作方面，拉丁語對於法國人具有特別的優勢，使我們保持主要的相似之處，它首先要求否定，然後再重新找回。

根據這些發現，人們可以理解經驗使我們看到的首先是不好的東西，英語或德語版本根本替代不了拉丁語版本。我首先看到，提供給我們的通俗用法是現代作家的關鍵，但幾乎沒有給我們尋找文學方向的餘地。我們就像在荊棘中尋找獵物，做一種對任何人都不好的遊戲。我還要說，現代思想根本沒有古代思想那樣的希望，很容易被駁倒而不能繼續。從那裏的悲傷出來，去讀莎士比亞或歌德的書，我聽到一些對於我們已經結束的事情，正是在我們所處的地方。從他們開始的現代社會，開放得並不久遠。

72 / 向古老知識致敬

　　心理學家說，「家庭就是一個社會。我非常同意，但家庭拒絕社會的法律，如把公正、權利、平等視為外來之物。家庭也是生物的，誰也不能改變。法律的作用巨大，但不能決定人心的公正。」

　　社會學家說，「正如我們所說，不能阻止家庭的變革。古羅馬時代的父權在我們這裏不復存在。我們可以找到更奇怪的家庭制度痕跡，父親被輕視，孩子用母親的姓，或母親的兄弟成為男性的頭兒，也是今天的父親。不要相信這樣的制度沒有道德，也不要相信男性頭兒和母親之間的愛是大罪過。」

　　讀者說，「我看到你往那裏去。在原始與文明之間自然發展起來的這種風俗的多樣性，這種奇怪的差異，完全擾亂了人性。允許我第一百次地向古老知識致敬，野蠻吞噬了父親。你們把人的這些碎片拋給了師範學校的學生，讓他們去縫合，如果他們能夠做到的話。」

　　社會學家說，「真實的並非是令人喜愛的，這些我無法改變。如果相信，就像阿爾列金[1]那樣有些傻，而且到處都像這裏一樣。戲劇的真實摧毀了人們認為永恆的思想。同

1　阿爾列金（Arlequin），意大利喜劇丑角。

樣，實證的社會學打開了可能的領域。愛因斯坦已經為我們提供了新聯結的應用，我看到了我們不曾知道的思想。我們放鬆吧，我們溫順些吧。」

心理學家說，「非常漂亮，但我擔心這些隱喻，腿上多出的關節。對於一個純粹的文人，什麼是更簡單的思考呢？我們什麼也看不到。一個機體各種相互連接與平衡條件的成功組合，其中可能的差異比我認為的小得多。對於愛因斯坦，我認為他毫無變化。」布阿斯[2]問道，是否需要重新做他的光學論文，沒有人回答他。我的朋友，許多是靜力學家，而與他們合作的是動力學家。

那個讀者說，「您使我想起某部像奧古斯特·孔德寫的社會學著作。他充分地解釋道，這一科學依賴之前的所有科學，並支持這些科學。人們容易理解歷史學家這類奇怪的學者，他們公開蔑視數學、機械、物理、化學、生物，但至少在一段時間，又重新接受社會學，這讓人發笑。同樣，孔德小心地說，家庭的失敗形式可以解釋，如同怪獸那樣，只是他根據真實的類型，推斷出他的社會靜態論的生物條件。在我看來，人們很少讀這些理論。此外，所有人應當知道的是演繹法，這是更抽象、更先進的科學所要求的，它在所有研究領域可以提供實驗的關鍵方法。但你

2　亨利·布阿斯（Henri Bouasse，1866 年 11 月 16 日—1953 年 11 月 15 日），
　　法國物理學家。

們的社會學家，如果不是狂妄自大的話，也是快樂的無知者。因此，我的親愛的社會學家，您不屬於有幸享有多種快樂的人，您根本不聽我的話。您拿出錶來，意味着時間到了，我看得十分清楚，您要去講課，更多是講家庭、住宅、習俗、農業，或歷經年代的無論何事。在門關上之前，還有一個建議。單獨的動力學首先是容易懂的，但立即變得不可理解。從靜力學開始吧。」

從門中窗戶透過的光給他以回答。商人的微笑。

73 / 沒有適當付出便沒有正當的身分

　　我是一個壞學生，至今還是。不知有多少回，我被兩個哲學審查者查問，他們戴着尖尖的無邊帽，帽上掛着一個小警鈴。我一張嘴，他們就說我是異端，就是不認識的新東西。但給我診斷的醫生卻什麼也不說，無論如何什麼都不說，因為他們極為有禮貌。但戴尖頂帽的審查者顯示出不耐煩，頭上的警鈴響了起來。第三個戴着警鈴尖頂帽的審查者，在我面前有所許諾，條件是我得老實些。一切都徒勞。今天，當我碰見戴着警鈴尖頂帽的商人，不用他報價，我就從他的攤販面孔中看到嚴肅和有些厭倦。這就是關窗板的商人的常見表情。

　　現在輪到醫生講話了，那麼兩個醫生怎麼說呢？他們需要說嗎？這不重要。一個醫生說，「是頭腦不清。」另一位醫生說，「是觀念聯想。」正如莫里哀書中的放血法與排泄法可以醫治所有疾病，如果把頭腦不清或觀念聯想調整好，他就會立即頭腦清晰，這不成問題。我總是喜歡約瑟夫·德·邁斯特[1]的話，「屬性，這個女人的屬性是什麼？」我看到他頭的動作。如果他頭上也戴着有鈴鐺的帽子，他

1　約瑟夫·德·邁斯特伯爵 (Le comte Joseph de Maistre，1753 年 4 月 1 日—1821 年 2 月 26 日)，法國哲學家、作家、律師及外交官。

就不會有這樣的動作了。

我的醫生說着他們的看法。一個說，我們的思想是一個看不見的朋友的作品。當人們知道其所想，一切都已經完成，已經過了好幾代，是由另外的我，一個我不認識的我，一個比我更是我的我所完成。這個我可能也有這樣的意識，但是對於他，而不是對於我。另一個醫生說，「但一個意見是什麼，如果兩種思想相左？要明白，它們在精神中遊蕩，突然遇到一個極小的事件，一個思想的鈎子掛在另一個思想的環扣上。你們的女兒剛好在這時變啞了。」在他們的講話過程中，我欣賞的是我的醫生，正如一個跳舞的女人只在意自己的頭髮，他從頭至尾都沒有搖動頭上的鈴鐺。我更加欣賞是，當我看到他們抬頭朝上看那種沉思的樣子。因此需要構建第三種思想，正如巨人龐大固埃 [2] 在索邦大學學習，我一邊對自己說，一邊自由地晃動着腦袋：「不，解釋你們思想的根本不是頭腦不清的人，也沒有帶着鈎子與環扣的思想，而是懸在你們尖帽上的鈴鐺。」

這種思想並非無價值。我的思考從來就有寬廣的視角。因為晃動帽子的思想是錯誤的，是魔鬼般的錯誤，首先沒有適當付出，也沒有正當的身分。如果哲學家、牧師，甚至軍人們帽子上的鈴鐺都響起來，我們可以想

2　巨人龐大固埃 (Pantagruel) 是法國作家弗朗索瓦·拉伯雷 1545 年出版的小說《巨人傳》(*Pantagruel*) 中的主角。

像這是何等喧鬧的景象。鈴鐺放置得越高，那些永不鏽蝕的鈴鐺就越容易響起。當鈴鐺響起，狗就會叫。這樣因果的現象使草率的醫生知道會出現哪些壞思想，如果這樣的思想出來，也是對鈴鐺的回應。我經常聽這些謹慎的講話者講話，經常講得較短。我欣賞他們從遠處看到一種危險思想，在尚未進入時便能迂迴。應當更好地評價他們的謹慎，他們根據鈴聲來思想。儀式遵循正統。我應當說，為了公正，這個出自於我的思想，如同其他許多思想，如同我從柵欄上越過，一隻腳在前，另一隻腳在後，這充分地解釋了鈴鐺帽子的作用。

74 / 瘋狂的思想總是模模糊糊，即刻被頌揚、被歌唱、被崇拜

　　心理學與社會學共同打擊初等教育。社會學還好。歷史學缺少當前時空與前瞻視角，趣聞軼事掩蓋了機構與機制，歷史學應當在歷史普世概念的思想中復興。人文主義將呈現在兒童的視野中。我們正式的社會學家可能沒有完全地想到這一點，但這並不太重要。孔德的思想中已經具備了充分的實證主義社會學，我們的教師會在那裏找到。它會因其力量而獲勝。

　　心理學是一種坐錯位置的科學。愛講話的人和醫生各自在對方的側面，心理學被他們搞得支離破碎。在這裏，不要擔心我弄錯，我可以對教師們說，不要在這些徒勞而混亂的研究上白費功夫，他們不會有任何收穫。借助於社會學思想的強力，他們重新回到孔德那裏，追隨這個審慎的思想者關於心理學的評價。不必擔心，這個強力的頭腦非常清楚要把你們引向何處。通過實證主義哲學奠基者今天仍然新鮮的發現，需要看到個體中的思想規律是不可見的，可見的只能體現在物種上。如果用詞彙表達，需要這樣說，實證主義心理學將是社會學的科學，或什麼都不是。我可以通過例證來解釋這一高級看法，據此，我們的所有心理學圖書應當被銷毀。

　　所有心理學家都被帶領去思考這些思想的源頭，在那

裏有無限的爭論和一大堆混亂的觀點及錯誤的道路。如果這些觀察者僅僅注意地閱讀《靜態社會學》中題目為「人類語言的實證理論」的不朽章節，他們也許會懂得兒童在學習思想之前就在學習講話，或者說，兒童在學習思想的同時學習講話。兒童首先想到的，完全不是根據其短暫的物理學的經驗，而是根據僅僅通過人類場景闡釋詞彙的公眾經驗而形成的最抽象和最困難的思想。當兒童通過眼與手開始接觸事物來學習，即使沒有母親與奶媽，只要長時間處在事物與他本人之間，他就已經是形而上學者、神學家、詩人和魔法師。對於兒童這樣的學習，我們什麼也不能做，這是幸運的，因為人類漫長的童年就是這樣消受。

那麼什麼是人類最初的思想呢？根本沒有簡單一致的經驗。相反，出自於政治經驗的瘋狂思想，不同於經驗教訓，總是模模糊糊，即刻直衝雲霄，即刻被頌揚，被歌唱，被崇拜。寓言和神話為我們提供的這種冒昧的一時之作、虛弱思想，不過是人類兒童期的思想。而此時的社會學家，在孔德的推動下，已經遠離純粹偶像崇拜的研究。真實的情況是，他們從先師所讚賞的整體精神回轉，已經不能重新認識在未開化思想之上的其自身思想。這就是為什麼我向那些願意學習的人說：「像讀《聖經》那樣捧起奧古斯特·孔德的書，用十年時間，你們就有資格嘲笑索邦人了。」

75 / 學習並不難，學校的工作不過是安排好的遊戲

　　初等教育交給了精神病醫生。人們知道他們是如何根據瘋人的情況錯誤地重塑理性的人。根據機械原理，一個音準不對的豎琴和一個調好音準的豎琴之間確實沒有多大差別。但在一個純正的人身上，就像一個音準持續的豎琴一樣，中等人要克服機械的力量，輕鬆愉快地處於人的道德水平上。瘋人則在斜坡上滾爬，由於這樣微弱的差異，便遠離於人們所相信的理性，因為他們的話語對我們仍有一些意義，但不是對他們自己有意義。因此，如果精神病醫生不是十分高超的話，便不能看到這樣的劃分。然而，高超的精神病醫生畢竟稀少，也許比偉大音樂家還稀少。

　　有一些不正常的兒童，人們稱之為智力發育遲緩者，但這種說法並不好。它被一種表面美好的思想所掩蓋，但根本不夠，智力發育遲緩的兒童可以與最小年齡的兒童相提並論，從吃奶的孩子到七歲娃娃。但也不是如此簡單。正常兒童的成長會有驚人的跳躍，當我們找一些方法教他識別顏色時，他會突然征服所有人。當小小人已經瞧不起、不屑一顧的東西，教育者還在努力使他們愉快地學習。醫生把智力發育遲緩的兒童召集在一起，盡力讓他們學習一些東西，當然這是好的。然而，當他感到打開了這些缺乏天賦的記憶，能夠使不穩定的注意力轉向學習，他

便相信找到了教育的祕密，並把這一祕密帶給我們。在他看來，所有學校教師的所為都不適宜，都是過早行為。由此召開大會，教師被當作兒童，要從叫「爸……爸，爸爸」開始學起。

舉例說明。首要的是將智力發育遲緩的兒童排序，準確了解他們所處的情況。需要區分那些聽到一個詞便想到某個事物的兒童，那些看到某種姿勢或行動想到某個事物的兒童，那些看到一些臨近事物想到某個事物的兒童（看到鋸想起木頭的兒童），以及那些看到某個事物想到其他事物的兒童，區分不能連續模仿與能夠連續模仿的兒童，以及其他兒童。有的兒童只知道坐在椅子上，另一兒童則知道把倒下的椅子扶起……通過這些「檢測」或測驗，我們可以了解應如何對待這些脆弱的孩子。小學生對醫生報之一笑。

人們在學校傳播這些驚人的創舉，這些因被支持而驚人的創舉，這些因被相信而驚人的創舉。有人製造了一個帶活動關節的紙板小人，通過不同姿態可以顯示出字母或數字，但兒童難以形成這樣的想像。還有人嘗試把某些輔音與某些姿勢聯繫起來，以便識別，例如捏鼻子表示「n」，拍胸脯表示「p」[1]。為了更具體些，我請你們讀《布瓦爾和佩居謝》，兩個小傢伙試圖通過回想炸魚的滋滋聲記住

1　法語單詞「鼻子」（nez）和「胸脯」（poitrine）的第一個字母分別為「n」和「p」。

希爾佩里克一世[2] 的名字[3]。這兩個創造者與醫生不謀而合。孩子們並沒有感到困難，他們都適應這種方法。而我卻從中看到弊端，除了教師已經佔去大量的時間，還要浪費更多時間，兒童們就這樣幾乎總是在其能力之下工作。與他們的期望相反，與他們的更美好願望相反，我敢說這樣的話，學習並不難，學校的工作不過是安排好的遊戲，它製造出一種有條理的疏忽，一種拘於禮節的老成。我在一些非常著名的幼兒園裏看到的這些跡象非常令人吃驚。但那些幸運地瞄準比人更高目標的兒童會以嚴肅的態度戰勝這些弊端。

2　希爾佩里克一世 (Chilpéric，526 — 584 年 9 月 28 日)，法蘭克王國墨洛溫王朝的國王 (567 年 3 月 5 日 — 584 年 9 月 28 日在位)。

3　法語中的象聲詞「tic」與希爾佩里克的名字發音有相似之處。

76 / 母愛是社會的第一學校

　　小學教師瀏覽着專為他們編寫的社會學教科書，我也曾有這樣的目標。我發現書中有認真閱讀的標記。我知道這個人不信宗教，熱情奔放又嚴肅固執，我看他的面孔就像變化不定的蒸汽。然後，他全都明白了，就像平常習慣那樣直接回到問題上，他對我說：「如果您能給小學教師上社會學的課程，您會怎樣做？」

　　我對他說，「毫無麻煩，毫無困難。我把孔德四卷的《實證政治》[1]再讀一遍，而對於六卷的《實證哲學》[2]，我只需要記住事關當前的內容就足夠了。在這樣廣闊的領域中，我首先把闡釋科學的連續性及其歷史，同時也是宗教的歷史作為開場。我強調，所有關於人和世界的人文概念首先是神學的概念，童年和想像總是走在前面。同樣重要的是，兒童都理解最錯誤的思想如何是最先呈現的思想，這種思想把宗教置於諸多自然事物之中。這一例證顯示出社會學不同於歷史學，我把這一思想歸結為，社會學作為所

1　《實證政治》（*Politique Positive*），完整書名為《實證政治體系》（*Système de politique positive*），為法國社會學家奧古斯特·孔德所著，於 1851 — 1854 年出版。

2　《實證哲學》（*Philosophie Positive*），全名為《實證哲學教程》（*Cours de Philosophie Positive*），法國科學哲學家奧古斯特·孔德於 1830 年至 1842 年間陸續出版的哲學著作，共六卷。

有科學中最複雜的科學，又依賴於其他所有科學，也是最後從神學中脫離出來的科學。這一觀點甚至涉及知識的整體及其緩慢的發展，也是我的社會學研究的一個方面。因為科學的發展關係到政治與道德的進步，從最初的神權政治到軍事文明，最後到我們所處的工業文明。

我們可以安排三或四次課。因為我服從於整體精神，我將根據大師的意志連續講述三個核心理論。首先是關於家庭的理論，家庭作為整個社會的細胞，我要以此為契機，說明社會學如何依賴生物學。沿此思路，我將描述母愛是社會的第一學校，然後過渡到關於祖國的理論。在這個佈滿陷阱的主題上，我保持比作者更為嚴謹的態度，認為祖國處於把人從家庭中提升起來的文明時刻，向人傳達更為廣闊的情感，近乎於生物學情感那樣強烈的情感，讓人趨向於熱愛整個人類。就這樣帶入我的主題的核心，我將根據我的前提課的準備進一步解釋，人文主義是唯一的存在，是唯一的社會，這就是人文主義的知識與崇拜，特別是其偉大人物奠定了道德基礎。我不過是複製了實證主義學家的日程，並做些簡化，以便為我的聽眾提供一個年度計劃，學校可以據此參與真正的人文主義，並無例外地使閱讀、書寫、計算、歷史、地理、道德等各項工作服從於此，讓真正的教師陸續參與其中。」

他說，「很好，這使我很高興。但在這本教科書裏，我找不到您說的一個詞。這使我感到驚訝。」

我對他說，「有兩種社會學，一個大的和一個小的。小的社會學首先對科學的次序不發表看法，對之前的科學和更容易的科學致以崇敬的忽視。第二，關於家庭，小的社會學堅持未開化的習俗，喜歡驚奇的東西。第三，關於祖國，小的社會學近乎於幕僚學說，據此學說，社會是人的偶像，全部道德就是感受與崇拜社會聯結。在這個意義上，用一個恰當的題目表示，社會學就是一種有關統治的學說。至於人文主義，小的社會學則有所忽視，或更好地說是將其推遲至更好時刻，大量的行為被過濾並加上標記，整體精神被這一歷史上的方法嚴格地放逐。」

「這就是我的社會學教科書的縮寫版。」

77 / 懷疑是全部科學的工具

小學教師問我：「社會學到底是什麼？最大和最新的祕密是什麼？如果忽視或根本不知道這些祕密會怎麼樣？這不是對於野蠻人的陌生觀點的一些看法，而這些野蠻人卻具有獨斷的雄心，他們向何處去？改變政治嗎？朝哪個方向？達到什麼目標？或者說這是即將來臨的時尚？」

我回答他說：「社會學在當前被盲目崇拜。當然，孔德建立了偉大理論，如同我們的感受和思想的外貌。人之所以為人，是由於人的社會存在。這個社會與太陽系一樣是自然的和必然的，我們需要同它良好運轉。如果沒有真正的科學武器，就會被這些偉大思想壓倒。正如人們長期崇拜太陽和月亮，人們在開始也容易崇拜社會。同樣需要實證精神，它逐漸地由天文學、物理學、生物學等一系列科學形成，以便構建社會學的必要基礎。這個必要基礎是如此靠近我們，與我們如此密切，如此地動人心弦。例如，不能缺少被生物學意義上的繼承所摧毀的精神。這是他們不太了解的精神。物理學和化學表面上通過簡潔的直觀方式告訴我們，原子大渦流解除了帶給我們的束縛，實際上這些科學告訴我們的是力量，正如培根[1]所言，人獲勝於

1　弗朗西斯·培根（Francis Bacon，1561 年 1 月 22 日—1626 年 4 月 9 日），著名英國哲學家、政治家、科學家、法學家、演說家和散文作家，是古典經驗論的始祖。

自然，又服從於自然。但需要清楚地認識到，不要陷入物理與化學的絕望之中。同樣，還有更充分的理由，生物學研究要求已經具備的頑強精神。需要懂得照顧與會治療的人，需要少有驚恐，哪怕是患上所有疾病，看見細菌到處都是也不驚恐的人。更好的是，這個社會學的學習者，對這個不過是可憐的細胞的大機構有所畏懼。不必去嘗試理解它，只要去佈道，去宣講即可，這是一個先知，這是一個真正的信徒。」

小學教師對我說，「迪爾凱姆[2]說，需要與這種思想保持一致。但孔德不就是一個神祕主義者或有宗教幻象的人嗎？」

我回答他說，「關於孔德，只需要相信他。只有十卷書要讀，在那裏可以找到所有答案，甚至根據百科全書式的知識找到真正的神祕主義者。孔德本人非常清楚地預見到，如果它能夠脫離純文學的話，即可以成為新科學的東西。當他論述社會學時，從不相信新科學是天文學、物理學和生物學。陰暗的宿命論，陰暗的盲目崇拜……」

小學教師又說，「如果我沒有搞錯的話，誰能極好地回應大戰的悲慘經歷。因為人在那裏容易有宗教幻象和絕望，也不是沒有野蠻的和非人性的幸福感，特別是那些只

2　埃米爾・迪爾凱姆 (Émile Durkheim，1858 年 4 月 15 日 — 1917 年 11 月 15 日)，又譯涂爾幹、杜爾凱姆等，是法國猶太裔社會學家、人類學家，與卡爾・馬克思及馬克斯・韋伯並列為社會學的三大奠基人，《社會學年鑒》創刊人，法國首位社會學教授。

想感受而不去做的人。您只讓我想到，作為我們社會學家難以消化的食品的野蠻人，是一種狂熱崇拜者，是傳統、謠言、模仿、輿論的瘋人，是缺乏關於任何事物的真實知識的人。」

我對他說，「我們來看，這裏需要冷靜的眼睛，正確的思想體系根本不需要宣教，也不需要自以為是。因為感受到自己身體中的細菌和遺傳物質是危險的事，而更危險的是在自身的狂熱崇拜之中，承認社會怪物的存在與力量。懷疑是全部科學的工具。但我們尚無準備的社會學家相信天文學卻不認識天文學，相信物理學卻不認識物理學，他們在這裏能做什麼呢？」

他懷疑地問道，「如果我去構思正確的社會學，是否有其他需要注意的規則？」

我回答道，「確實有。孔德發現社會學思想並非整體思想之外的思想，它回過來支持整體思想，反對所有關於特殊研究的企圖，認為只有一個社會。真正的社會學家的特有目標，它所賦予部分的、具體的、時間的意義，就是人類本身。正確的結論是，我們的科學離開泰勒斯、托勒密[3]、喜帕恰斯[4]就什麼都不是。如果沒有自猶地亞[5]和

3　克勞狄烏斯·托勒密（Ptolémée，約90－168年），古希臘作家、數學家、天文學家、地理學家、占星家。

4　喜帕恰斯（Hipparque，約前190－前120年），古希臘天文學家，有「方位天文學之父」之稱。

5　猶地亞（Judée），古代以色列南部山區地帶的通稱，自1948年成為約旦王國之「西岸」。

古希臘開始的著名革命，我們的習俗將是另外的樣子。如果古羅馬人未能征服高盧[6]，我們的法律將是另一類法律。因此，我們也不是這塊土地的子民。讀孔德的書吧，你們會看到他所寫的歷史。至於野蠻人，甚至實證思想家構建的偶像崇拜的思想，總是依據比較的方法，指明需要他們純正的信仰，除非在若干沒有進入我們公眾羣體的虔誠者身上，孔德被忘記和被否定。需要相信，實證精神仍然是人類認識的最好指南。」

6　高盧 (Gaule)，古代西歐地區名，法國、比利時等地。因其原始居民為高盧人而得名。

78 / 考試是意志的練習

　　考試是意志的練習，考試在意志練習中既美又好。那些為因恐慌而膽怯、顫抖、空虛做辯解的人，在做非常糟糕的辯解。這些過分企望，過分擔憂的錯誤，以至於根本不能剛強地自控，是最嚴重的錯誤，或許是唯一的錯誤。我再來談無知，或更好地說，我尋找考生所知道的東西，我把他推向高處。在因膽怯而麻木但卻對考題都會的一個男孩或一個女孩面前，你們認為我應該怎樣做？當人們面對既毫無所獲也毫無所失時，太容易做理性判斷。由此開始便很好。學校看起來十分美好，因為錯誤在那裏沒有任何重大不良後果，不過是一些紙張的丟失。一個男孩做出百餘個混亂問題，就不再有學習困難，或在考試時胡亂對待這些同樣問題，或首先想到正確答案，但一下子天旋地轉，一塌糊塗，這就是一次丟人現眼的經歷。同樣，一個射箭者在瞄準紙板野豬的練習時表現極佳，而當他需要救自己生命那一天，卻把箭射到野豬旁邊。知識，毫無用途的知識，比無知還糟糕。無知即烏有，它不知道思想的任何邪惡，而帶情感的錯誤顯示出未開化的思想，我甚至說是不公正的思想。

　　什麼是公正的思想？衡量一下這個如此自然的強力表述。它意味着這樣的情況，即當一個人在自己所知的東西上出錯，是重大自尊使其憤怒，他感到就像其不知道等待

的調皮孩子那樣侵犯其尊嚴。一個人也會在共同的語言上出錯，哪怕是一個漂亮的表述，他把全部力量都用於他的微妙與脆弱的思想上。如果我就此氣憤去撞擊一把結實的鎖頭，鎖頭會頑強地抵抗，限制我的動作。而我的思想不是孤立的，不是只有我才有這一思想，它因極好控制的關注而誕生，而保存。人們甚至可以說，這些思想只能在其意願中消亡，也許是人類最嚴厲、最不被知曉的法律，最微小的驕傲或雄心的痕跡使我們變傻。

家庭精神還極度地未開化，這是強烈情感的結果，這種情感天然地相信一切都歸於家庭。當兒童基本上根據心中的這一謀略生存時，他總是想到親情的繼續，尋找親情的標記。當他獨自在考場中，遠離他所習慣的被熱烈厚愛包圍的環境，就像在候見廳中的求職者。如果可以說的話，他凝視着自己的虛弱無力。這有些不妙，更糟糕的是，他對不被關愛感到氣憤。他等待着雄心勃勃的時刻，一個不值得高興的時刻。然而，他長久地等待，不斷地等待，儘管人類的世界被怪相的商業所矇騙，他還在等待服侍和政府的價值。這就是為什麼考試的試卷是有用的和公正的。雖然朗誦是容易的，但不能征服朗誦的人也不能征服其他任何事情。一個不能克服懶惰與無知的人，也不能克服自命不凡，他會不停地喊，「幫我！幫我！」這樣喊叫可能會感動父親、母親，有時甚至是普通教師，無論這短暫時刻關係到誰，問題是別人卻是聾子，是啞巴。

79 / 組建一個密切的無區分的同屆學生羣體，所有人相互讚賞

我絕不是統一競考[1]的敵人。這是一種規定的競賽，如球賽、拍賽。正如人們看到，不熟練的擲球者或擊球者剛好組成一個最好的公眾圈，為球賽而爭吵，毫無妒忌地為他們心中的冠軍歡呼。學生羣就像球迷圈，形成幾何學、拉丁語或法語演講各自的愛好者羣體，他們知道一個小傢伙不太刻苦，也不成功，但卻看到他總是能夠發表最有力的觀點，而讓他去做預見，甚至為一個人或另一個人去打賭。還需要看到給予讚美的幸福感，對年輕人和所有人都是那樣強烈。但首先需要去體驗，了解什麼值得去付出，從而喚醒整體精神。這種感受相當接近於動物性，從他可憐的自身的恥辱、慾望和煩惱中掙脫出來，不僅趨向愚蠢、不公正、暴力，而且又特別強烈。依據我的觀點，寬容也試圖在這裏經過，這種盲目的品德幾乎做盡了人間的壞事。

田徑運動通過其嚴肅性和真實性淨化了所有領域的雄心，這已經十分明顯。一個無充分論證，甚至毫無任何真實性的厭惡人類的論文，支持中等身材的人只會對拳擊和

1　競考 (concours) 是一種淘汰考試，一般根據事先確定的數量決定錄取人數。而普通考試 (examen) 則根據成績確定合格與不合格，確定優或良等不同等級，或不同分數。

腳擊感興趣這樣的觀點。沒有人輕視自己的判斷，辯論便由此產生。我甚至相信，最平常的人的情感更接近於一個好詩人或一個優秀的講演者，而不是一個不可戰勝的拳擊者，因為對於拳擊，人們不能說羨慕的是平等，但對於思想，人們卻敢說，這些話說得真好。如果給予對抗的、模仿的和值得讚賞的競賽一件最高尚的、最值得尊重的和貼近的物品，就不是一個小小的優惠。全部思想總是處於理解之點上，而最初的感受封閉了所有其他可能的思想。天才的人將其思想固定在其話語之中，這恰好是每個人想要說的和將要說的。

在學校的排序中，造成傷害的是糟糕的排位，而不是好排位。糟糕的排位衡量與認定了平庸，並將其固定於此。我更喜歡得以區分第一或第二的桂冠，其他所有人則一律平等，組建一個密切的無區分的同屆學生羣體，其中的所有人相互讚賞。我數次體會到這種感受，歷經數年而不衰，每個人都以與頭戴所有桂冠的學生為同窗而自豪。如果是在否定的一面，這種感受就變得悲哀，只能是自負與幼稚。然而，平庸的學生卻真正可以在某些學科有好一些的結果。同樣的作者，同樣的作品，同樣的話語，所有企圖都構建成形，都獲得顯著成功，最模糊的思想都變得清晰有序。一句晦澀話語的真實意思，或一種難以表達的思想的真正闡發，會啟發那些仍在徘徊的人的內心思想。作家是遠距離的模範，而由於如此新鮮的無知，由於

所有學生們的共同錯誤，由於共同存在的簡樸，同學之中是如此熟悉，如此親近，完全抹去了神奇的思想和上天的恩惠。學生們相互接近的評價，絲毫不會貶低優勝者，相反能夠提升其他人的悲觀心理，而這種心理在此年齡學生中是最不好的東西。需要看到這一突出感受，是被馴服了的崇拜，但通過班級的整體精神、一致歡呼、集體儀式而變弱，通過外部的途徑和不可比擬的力量消除了悲觀、恥辱、痛苦。他因此將為自己的思想體現在已經學會閱讀的別人身上而歡呼。

80 / 著作梗要，雖無危險，卻不能生產出合適的東西

在考試時，老年人坐在桌子一側，年輕人在另一側。老年人與年輕人至少是二對一。注意，這十分清楚。年輕人裝出年老的樣子，注意模仿老年人的皺紋。老年人有時也做出敏捷的動作，做出顯示強壯的驚人一跳，為的是讓人害怕。年輕人也假裝害怕，做出一種模糊的姿態，既像克服了害怕，又像要生氣的樣子。這一切差不多保持了社會秩序，最弱者通過非常老道的計謀掌控了一切。人們描述某些野蠻人安排老年人手持樹枝，以便確認那些能夠搖動樹枝的人可以繼續存活。但這只是一種傳說，沒有任何真憑實據。在所有社會，老年人都坐在樹上，禁止搖動。

蘇格拉底坐在地上，並滿足於此。但有時他搖動人羣中某人的胳膊，讓爬在上面的孩子掉下來，同大祭司們開玩笑。一些孩子喜歡這種有趣的遊戲，另一些孩子則不太喜歡。遊戲終止於毒芹水，一種鎮靜的藥水。誰也沒有看到，或控制好藥水的劑量，導致一個小小年齡的孩子不明不白地死了。如果從搖籃起，所有孩子都時不時地悄悄喝一點，也許就沒事了？檢查的唯一目的是了解年輕的蘇格拉底是否有規律地喝無限小劑量的毒芹水。但小蘇格拉底總是不停地誕生。

如何知道？只要向這些年輕人提出一些不止一次震動

世界的問題就可以了，搖動講授奶酪的教師所棲息的樹吧。宗教、司法、價值層次、文明、人的命運，這是一些不要提的問題，人們卻剛好提出這些問題。這就是讓人們去搖樹。由此知道那些在搖樹的人，或僅僅是傳播關於搖樹謠言的人，還需要無限小劑量的毒芹水。

年輕人因此學習說他們不知道的東西，學習對從未讀過的書做概述，因為這沒有風險。而那些眾所周知的偉大作者對於年輕人有太大風險。如果看到暴躁的柏拉圖，或笛卡爾，或康德，看到他們所作所為，做了一件非常糟糕的事，就像暴風搖撼着各種大樹，就像碎石紛紛落下。當然有一些概要，但都浸透着無限小劑量的毒芹水，這種食品雖然沒有使人變老的危險，但卻不能生產出合適的東西。

再來看一看他們的狀況，設想這些在河邊裸體的人，他們絕不是思想者，而是伐木工。那麼如何命名那些蔑視秩序，遠遠地從屬於自由人的完美，僅僅是自由的朋友的人？從這裏我懂得了這個不可觸及的粉末狀的社會學，就像化學家說的合成毒芹水，人們用來澆灌所有具有天然顛覆性的思想。如果把人作為目的，正如老人說，一切都不行，但如果把社會當作目標，一切都可行。

81 / 相反的觀點經常出現在同一個人身上

把世界大戰的情況講給孩子們聽，是一個好主意。但世界大戰的題目之下還有什麼呢？是虔誠的謊言，還是不折不扣的實情？在這裏，我看到我們含糊的政策就像胡蜂發出的嗡嗡聲。我知道得很清楚，歷史學家說，並總是在寫這個令人心驚的主題之前要求自己：「不要知道是否真實，不要知道我們國家是否處於優勢。」正是根據這一推理，德雷福斯[1]受到了判處。幸運的是，同樣這些人，當他們看到事情的問題時，像公羊那樣低下了頭，他們說道，「我不改變一個字，如果這樣使我們盲目的志願者不高興，活該！」這便是相反的觀點，經常出現在同一個人身上，教師可以據此編寫自己的故事。永遠的彼拉多[2]不止一次地問道：「什麼是真理？」懷疑主義便是一種背叛「是」的文雅方式，我曾經說它是十之九次背叛。為了更好地認識那

1　阿爾弗雷德·德雷福斯 (Alfred Dreyfus，1859 年 10 月 9 日－1935 年 7 月 12 日)，是一名法國猶太裔軍官，1894 年被誤判為叛國，導致德雷福斯事件。法國作家左拉 (Émile Zola) 發表著名檄文《我控訴……！》(J'accuse...!)，法國社會因此爆發嚴重的衝突和爭議。此後經過重審及政治環境的變化，事件終於 1906 年 7 月 12 日獲得平反。

2　龐提烏斯·彼拉多 (Ponce Pilate，拉丁語：Pontius Pilatus；? － 36 年)，羅馬帝國猶太行省的第五任巡撫 (或譯總督，26 － 36 年在任)，為羅馬皇帝在猶太地的最高代表。他最出名的事跡是判處耶穌釘十字架。

些輕而易舉行騙的狡猾的思想，我現在說它十有十次背叛。

當然，誰也不能準確描述戰爭的具體情況，只能說：「就是這樣！」我們不是有一些支持或反對戰爭的小冊子嗎？不是有一些支持或反對傳統政策的小冊子嗎？一本小冊子！給那些將在大訴訟案中參與評判的孩子們。怎樣做？然而，教師應當知道從諾頓·克魯[3]的《見證》一書中找到重要啟示，諾頓·克魯開始在世界中發出聲音。儘管我十分認真地閱讀過這本厚重的書，但我不想用幾句話去評價。人們注意到其中的錯誤，每個人都可以發表反對戰爭的強烈偏見，發表與各種一時具有漂亮色彩的觀點相區分的偏見，或僅僅是可容忍的偏見。在這裏，步兵們起來審判總指揮部，我自己的情感在這幾頁文字中成為可選擇的食物。但我在這裏的作用，就是我經常給別人提出的建議：「你要更好地支持你的對手的論文。」這就是我在蘇格拉底那裏找到的有力方法。在這裏需要糾正步兵們的記憶，正如貝扎爾和德爾維爾的著作及皮埃爾弗[4]的《大戰略部署[5]》，他們描述中心指揮官的思想與情感。人們對領導者無視泥濘、疲勞和事情真相便不再驚奇，也不驚奇他們

3　讓一諾頓·克魯 (Jean–Norton Cru，1879 年 9 月 9 日—1949 年 6 月 21 日)，法國作家，因 1929 年出版其著作《見證》(*Témoins*) 而著名。

4　安德烈·貝扎爾 (André Pézard)、查理·德爾維爾 (Charles Delvert)、讓·德·皮埃爾弗 (Jean de Pierrefeu) 均為法國第一次世界大戰的見證者。

5　大戰略部署 (Grand Quartier Général ─ G.Q.G.) 為第一次世界大戰 (1914─1919 年) 期間法國的整個軍事佈局。

冷靜地在電話中命令：「不惜一切代價奪回失去的陣地。」相反，人們努力去理解消除憐憫的另一種勇敢，自問道：「可以不這樣嗎？」因為，清楚的是，執行者不是嘗試行為的判定者。而這個殘酷的遊戲有着其規則。重要的是要在整體上思考，就像操作一部機器，這個鋼鐵的系統明顯不會考慮人的肉體，它會在操作點上撕裂和碾碎投進去的所有物質。

通過這些接近於描繪戰爭真實面貌的方法，我們就能夠保證和平嗎？我一點也不相信。人是一種暴躁的動物，他會輕易地陷入不幸之中，有時甚至陷入絕望。我只是想說，應當知道人之所願。在著名的弗雷德里克[6]時代，人們因虛華榮耀的故事而沉迷於一個美男子，並為此奉上一瓶葡萄酒。他簽名，但他不知道承擔什麼。老實人[7]的所作所為，從頭到尾都是這樣痛苦的經驗。我不相信徵兵者的方法會有大的變化。只是每個人應當問自己，是否接受徵兵者的做法，使容易受騙的青年們陶醉，讓他們去經受可怕的危險。什麼？如果我能夠在讓老實人開始喝酒之前，向他直截了當地描述前線地區、飢餓、泥漿、攻擊、棍杖，

6　弗雷德里克·巴斯夏 (Frédéric Bastiat，1801 年 6 月 30 日—1850 年 12 月 24 日) 是 19 世紀法國的古典自由主義理論家、政治經濟學家，以及法國立法議會的議員。

7　《老實人》又譯為《憨第德》(Candide, ou l'Optimisme)，是 1759 年啟蒙運動時期哲學家伏爾泰所著的一部法國諷刺小說。老實人 (Candide) 也是小說中的主角。

就能夠制止他嗎？或者像馴犬那樣訓練人，蒙住眼睛以避免害怕。勇敢可以教嗎？欺騙也可以教嗎？那些相信於此的人永遠也不敢說出口。他們在做，但卻不敢承認。他們可以相互承認嗎？然而，這種力量上的膽怯，並不能矇騙我，這是我們唯一的武器。誰知道這些，就把鎖鏈的一個環節打開，所有問題迎刃而解，只需要一點點耐心。

82 / 把成人都難以理解的東西講授給兒童，是這些道德課程的弊端

公民道德課帶着棘刺。我不是說危險，只是說主題內在的困難。把成人都難以理解的東西一股腦地講授給兒童，這就是這些宏偉課程的弊端。另外，清楚的是，當權者從來都是不停地教導人民與其政策保持一致。如果服從，就是盲目崇拜，如果抵制，也是盲目崇拜。反對激情的也許只有激情。然而，可以自信地說，任何盲目崇拜對於兒童都不好。

孔德通過實證與推理精彩地論述了這一主題。我們可以遵循其論述，可以把其思想帶至兒童那裏。還要避免暗礁，就是避免別人的激情和我自己的激情，我就是這樣駕馭我的小船。每個人都鄙視自私的人，鄙視那些只顧自己的利益和自己安全的人。基於從屬於友情規則的集體精神，一個孩子有時會表現出慷慨，甚至一種英雄主義。例如，他可以經受責備與懲罰而不向老師告發做壞事的同學。在此眾所熟悉的例證中，顯示出一種盲目的志願崇拜，因為老師考慮的是學生們的利益，學生們都明白於此。但在這裏也要分辨出真正的勇敢，真誠的諾言，儘管沒有固定模式，兒童們不乏勇敢與真誠。兒童通過這種社會化的情感，與其他學生聯結起來，體現着完全的榮耀與完全的羞恥，並超越了動物性的利己主義，為他人而生活

與活動，發展成為真實的道德。

我們來把這種遠非完全壞的崇拜，與更為自然、更為強烈和普遍敬重的家庭崇拜做一下比較。無論如何，我們都不會去評價父親，也不去評價母親，無論如何，我們都發誓愛他們，對他們的錯誤視而不見。我們不會揭露他們的短處，也不會在任何方面反對他們。在這裏，社會情感比其他任何地方都更強烈、更自然。在這裏，更為明顯的是，自發的利己主義被克服，人們克服了自我，人們甘於奉獻。在這個值得注意的例證裏，我們發現利己主義與利他主義如何密切地混合在一起，傳遞着其獨特的力量和自身的活力。這便是孔德的偉大思想：我們最卓越的情感，自然也是最脆弱的情感。人需要學會愛。

同樣繼續着孔德的偉大思想，我們應當想到，我們從對祖國的熱愛中汲取利他主義的情感，擺脫勞作或生意的懶怠狀態，總是把這樣的情感體現在我們自己和我們的親人身上。因此，需要以真實的色彩描繪這一具有感染力的熱忱，通過公共演講、儀式、紀念活動來促進這樣的情感，奇跡般地把巨大恐懼轉變為偉大友情。於是，人們不再去評判，不再去遮蔽，忘記了正義。至少在一定時間，人們以此為樂，以勇敢、耐心、奉獻為美德，以為自己比以往更強大，因此感覺更好。人們勇往直前，無所畏懼。正如評判黨派精神那樣，這種熱忱也要像所有狂熱那樣被評判。意志的盲目性在那裏是不可否定的，但也需要重新

認識偉大品德，忘我的時刻可以提升人的文明品質。如果想要構建人的真正面貌，需要樹立一些英雄形象，但要小心，不要把如此輕易使人陶醉的權力，把試圖抬高自己的謙遜，與置所有危險於不顧，直至為他人而生死的崇高精神混同起來。這還不算是正義評判，但至少是一種工具。

所有事先的真實都這樣集中在一起，需要評價其價值，並與普遍情感相比較，宣佈祖國並非最高價值。天主教不能被輕視，乃至不能忘記其名稱。好的方向足以使我們重新認識到，祖國經常使人忘記正義，當權者懷有明顯非道德的思想，總是錯誤地說，力量走在正義之前。正如歷史所揭示的，在那裏如此多的帝國，如此多的征服，少許的善混同於諸多的惡。我們總是與普遍情感相一致地做出這樣的結論，所有值得稱為人的人，其自身應當獲得一部分自由的與不可克制的正義。這種正義，如人們所言，可以衡量國王之秤腐敗與否，最終在正義的英雄身上確認最高價值，而不論其血統與國家。人道主義將在其心中，並希望在世界中實現。

這就是全部思想，完全是共通的，將出現在教科書裏。在我看來，我們通過一種自然的謹慎，不向兒童傳遞自身的激情，防止講出更多的話。當然，我們可以少說一些。

83 / 沒有懲罰，任何威脅都顯得可笑

我講授「服從」。一個粗俗的讀者對我說，我付錢為的就是認識這個問題。這是真的。如果我們偉大的先生們聽我說「服從」，他們會認為把自己的錢放錯了地方。這是一類貪得無厭的人，難道他們不願意服從、尊重，甚至熱愛嗎？那麼好，這個粗俗的讀者，在他們與我之間，在你與我之間，我們記上一筆賬。

所有權力都是絕對的。戰爭使人們懂得這些。一個行動只能在行為者一致的情況下才能成功，而當他們具有世界上最好的意願，只能在迅速執行命令中取得一致，沒有任何下屬會以評價和討論來消遣。否則，在拒絕或僅僅猶豫面前，意味着領導應當強迫服從嗎？這立即導致最後的威脅，稍後就是最終懲罰。沒有懲罰，任何威脅都顯得可笑。我敬佩那些在可能的事物中輕鬆接受戰爭的人，然而卻在此引發人道主義與正義，就像敵人推動我們有閒暇去關心人類與正義。需要知道我們要去做什麼。

根本沒有和平，因為還有敵人。這就是為什麼所有當權者都是軍人。火或水，兩者必居其一。道路已封閉。您問為什麼，衛兵也不知道為什麼。於是，這引發了公民權利問題，您要過去，衛兵以軍事方式制止，並招來後備部隊。如果您有過激行為，您會被痛打，如果您亮出武器，

衛兵會首先動用武器，並把您擊斃。當權力不能強迫服從，便沒有權力。如果公民在恐懼之前，不能理解、不能體會到這種強大的機制，也就沒有秩序。戰爭遍佈街區的所有角落，看客遭受打擊，正義消失殆盡。

很好，這就是法西斯主義掩蓋的真相，這就是諸多人真實的體會。但需要理解，需要劃定範圍，需要限定、控制、監督、評判這些可怕的權力。因為沒有任何人在可以為所欲為、毫無控制的情況下以自己的激情，以自己的信仰忠實於正義。因為人只相信他自己。如果文明人相互許諾不斷地、頑強地抵制權力，這就是為什麼說他們的服從會使人害怕。但如何做？既然服從，他們還能做什麼呢？還有他們的評判。

思想從來不應服從。幾何學的論證足以顯示這一點。如果您相信那些話語，您就是傻瓜，您背叛了思想。內心的評價是最後的庇護之處，也是充分安全的庇護之處，需要加以防衛，永遠不需要出讓。真是充分安全的庇護之處嗎？讓我相信這一點的是，這個奴隸能夠繼續生存，明顯是由於自由人跪在頭領面前的求情。他的讚賞是奴隸的幸運，然而他說奴隸值得這樣。對我來說，我不能明白這個自由人，這個步行的狩獵者，我稱他為好人，秩序的朋友，至死不渝的執行者，他還能做更多的事，我就聽見他歡呼、讚揚、熱愛這個殘酷的頭領。但我寧願這個自由人保持堅貞不屈，精神的堅強，堅持懷疑這個武器，總是對

頭領的計劃和理由提出質疑。為了避免更大的惡，可能喪失真誠團結的幸福。例如，絕不要相信，只要孤注一擲地服從，戰爭就可以避免，也絕不要相信，稅費會被精確地計算，花費也會被精確地計算，依此類推。因此要對領導的行為和講話敏銳地、堅決地、無情地控制。同樣傳遞給他的代表，同樣的堅持與批判精神，以便使當權者知道要被評判。因為尊重、友情、關照可能逝去，正義和自由可能喪失，甚至安全本身也不復存在。想一下廣泛談論的德雷福斯事件終於重見天日的情況。我非常清楚，這個好的自由人，絕沒見過這種事，也不會相信這種事。需要了解的是，極度的權力濫用和靜悄悄地認罪，是無控制的權力不可避免的結果。沒有任何理由去培養相信已經具有優秀品德的人，但卻有諸多理由去教育曾經有過，但已喪失道德的人。這些痛苦的但卻有用的思考，給出了一種激進精神，一種很好命名但卻難以理解的思想，這是源於不懂服從不懂熱愛的脆弱的靈魂。粗俗的讀者，你高興嗎？不，也許不高興。我不管當權者是否高興，他們從來都不高興，他們想要的是一切。

84 / 不要輕易同意多數人的觀點

　　團結就是力量。對，但這個力量是誰的力量？如果唯一且同樣的思想佔據了所有頭腦，民眾的利維坦[1]就可以帶來一切。那麼，然後呢？我瞥見了團結的永久成果，一個強大的力量、信條，異端分子被追捕、被驅逐、被流放、被殺戮。團結是強大的存在，團結就意味着其本身，而不是其他任何東西。軍事理由在這裏顯示出它的力量：「我絕不允許屬下總是批評，我要人們同意我的觀點，我要人們熱愛我。」這就是說，讓成千上萬的東西歸為唯一，它壓倒一切。這種一致的景象令人陶醉，甚至可以感受到它的腳步聲。每個人都等待着美好的結局。然而，波拿巴的士兵轉向皇帝的加冕禮，所有先前的秩序得以恢復，他們不能轉向任何其他方向。團結顯示出來，它自我慶賀，它拓展，它征服。其他一些思想都是徒勞的。

　　在一個自由人，一個毫無承諾、總是逃避、總是孤獨的人，一個毫無快樂也毫無悲傷的人身上，就沒有思想。執行者沒有任何自由，首領也沒有任何自由。這個瘋狂的團結之舉牽制了兩者。讓他們分離，或讓他們會合，這都

1　利維坦 (Léviathan)，是《希伯來聖經》中的一種怪物，形象原型可能來自鯨及鱷魚。「利維坦」一詞在希伯來語中有着「扭曲」、「漩渦」的含義，而在天主教則是與七宗罪中的「嫉妒」相對應的惡魔。

不是思想。或乾脆想讓他們團結並保持團結，這也不是思想。力量的法則是鐵的法則。一切有力量的決議在於已經有的力量，而不是將要發出的力量。什麼是將要發出的？所增加的，也是將要分離的。建立在思想預感之上的力量，戰慄着，並感受到失敗。別人的思想，無論是什麼，都是頭領的敵人，但其自身的思想，未必就不是敵人。當他想，他即在分離，他在自我評價。思想，即使是獨自一人，也有聽眾，也會把力量給予任何人的思想。真是有所冒犯。如果任由全部政治生活自行發展，就會演變成軍事生活。

小的黨派或大的黨派，小的報紙或大的報紙，聯盟或民族，教會或團體，所有這些集體存在都為尋求團結而喪失了思想。人所集合的羣體從來不會有哪怕是小小的頭腦，一個發揮作用的頭腦。講話者有時面對反駁者，但他相信自己會獲勝。他會被打敗的想法，或已經被打敗的想法，從來不會在他的頭腦中出現。

蘇格拉底走出去又走回來，傾聽，詢問，總是探尋別人的思想，但這絲毫不會使自己變弱，反而獲得一切可能的力量。這經常使別人氣惱。因為我們的思想並非總是我們所願，甚至差距很大，需要逐步清晰。只有他與自己完全自由，只有他與其他人，兩者都完全自由。此途之外，沒有一絲思想之光，此途之外，沒有任何真正的教育。人在與同類人講話，是為了他的平等。幾何學的最小驗證重

建了不可見的思想王國。最微不足道的經驗也是如此，因為如果沒有自由的討論，就不會有任何類型的驗證。人不需要知道得太多。

然而，我們就是這樣學習，沒有其他途徑。那些有興趣閱讀柏拉圖著作的人，那些追隨蘇格拉底曲折路徑的人，首先會發現這些大路的導向迷茫。同樣，也不要說一種自由思想就能保證獲得許多東西，更不要輕易地同意多數人的觀點。一個踢球者在某種意義上說毫無所獲，但當他輸掉一場比賽之後，卻贏得了健全的雙臂和雙腿。因此，蘇格拉底贏得了比那些表面漂亮的演講更強烈的滿足感。在希臘這樣的小國，在那個幸福的時代，人們看到了自由的開端。我們仍然生活在這枚寶貴的錢幣之中。然而，我們人類的麵團，雖然厚重而獨斷，但還是幸運地存有一點點自由的酵母。因此，存在於兩種人之間的帝國教育總是在整個國家和所有地方重現，從未完全地獲得成功。還有一絲懷疑之光。啊，守夜之光，你們不要昏睡！

85 / 艱澀的經歷之後需要走出天真

　　一個無產者小組用「知識」這個美麗的詞彙作為口號。這立即喚醒我美好的記憶。我通過唯一強力的目光，看到這個突然而至的集中觀點，全部成為軍事的謊言和政治的謊言。世界上無任何暴力革命的唯一例證。外國戰爭的威脅被忘記，同時恐懼也被忘記。人權第一次被抬到高於祖國之上，一切強權都在被不公正判處的無辜者的平反申訴前退卻。安靜與相信自己力量的人民，彷彿集合在一座無邊際的大禮堂，蔑視地聽着最優秀的政治悲劇表演者的講話。全世界都在崇敬地凝視這些和平大會。這時，資產階級和無產階級混同在一起，最有教養者把他們的科學放在公共寶庫之中，離開了更富裕的生活。清楚的是，在這些民眾大學裏，交易是一種友情而不是科學。當然，不需要更大的光明來理解暴君的遊戲，當他們讓我們顫抖，也不過是為了取笑。還需要頂多十年來判定，這個三年的法則既沒有多給我們一個人，也沒有提前一小時，它只不過是向同盟國俄羅斯和敵國德意志宣戰而已。於是我明白，我曾經太輕視對手了。孤獨的無產者在其夢想之中，資產者在封閉之中，官僚們小心翼翼，青年人果斷無聲，這便是人們的生活狀況。統治的藝術有着豐富的源泉，我們突然發現被帶至童年。但說到底，很難關心年輕人自己的命

運，而不過是拯救唯一的無辜者，其實說什麼都沒用。然而，所謂寬厚卻是不止一次地欺騙。現在則是殺戮，它的前面是一片平庸。

因此，我們需要尋找能夠保持清醒，激發已經成長起來的青年的途徑，我想從難忘的經驗中獲取最好的成果。在過去一段時間，在政治空論派與大眾教導者之間有一種衝突。這個大事件，對於我們旁觀者來說，則是在毫無防備地動搖著所有信仰，是要扯著他們的鬍鬚除去所有神祇。所有黨派都有其信條及其神明。困難的是帶領我們的朋友去實踐這一精神的自由體操，在那裏根本看不到最接近與最迫切的需求，更不是看起來是唯一最有用的需求。我們把可以娛樂的文化帶給沒有娛樂的人，他們經常鄙視我們思想的遊戲。天文學和物理學以其自身的細節，令人疲憊，歷史則可以使人發笑。健壯的聽眾不相信民眾曾經愚蠢地追隨政治。於是有人嘲笑熱烈的愛情，他根本體會不到任何結果。但這個嘲笑者卻是第一個熱戀的人。一個艱澀的經歷之後，現在需要走出天真，通過詩歌的訓練，去體驗這些無論如何想像都不過分的強烈激情。我聽說，我們的無產者朋友最缺乏的，是關於事物的科學。原則相當容易理解，這個關於人類屬性的古老科學，散見於偉大著作之中，需要閱讀二三十遍。如果第三十遍閱讀是愜意的，而第一遍則是困難的、徒勞的。

86／沒有任何人毫無所羨

　　人們說，新一代是難以管治的，我希望是這樣。然而，人們還沒有看到政治中的信號，如果這不是由於權力的極端謹慎，也會在輿論中引起注意。而我感興趣的，是智慧的行動，因為未來依賴於此。如果不想成為奴隸，首先不能上當，要在細節上堅持。拒絕相信就是一切，這種拒絕充分說明智慧。

　　有一種天主教運動。如果聽到天主教的完整意義，這甚至完全是一種運動，一種普遍的運動。人們時常所敬重的普遍性，是人的最高點，是拒絕者。任何人不能祈禱無邊無際的拒絕，拒絕羨慕財富、力量、強勢。是的，是對事物衡量的擔憂，是對獲得這些事物的擔憂。沒有任何人毫無所羨。智慧不僅在首先犧牲下層神靈時顯露，同時也通過實現其權力及其目標的高超思想而顯現。需要考慮的思想是，思想依賴每一個人，思想乃是每個人應當拯救其靈魂的思想。

　　拯救其靈魂？您想說有不止一種傾聽的方法。但差距並不遠。如果您能為我找到這樣一位神學家，他公開教導人們拯救靈魂，同時諂媚權貴，首先迎接他們的到來，重複他們喜歡的話而不顧事實，那麼我承認您贏了。然而您根本找不到。全部宗教的基本思想，是全都計量，全都考

慮，家庭、願望、權力、公共秩序、祖國，以及其他事情，全都要計算，都要同等對待。在這個意義上，應當超越與否定全部教會，教會並非上帝，還有其他事物。甚至上帝也不是上帝，還有其他事物。自由的思想者繼續天主教僧侶的運動。拒絕一切的修道院還只是一個意象。全部思想便是瞬間的修道院。

然而，在我看來，當前青年敢於對權勢說「不」，甚至說得很強烈，也要對有思想的自己說「是」。人們可以說，這是因為一些曾經的青年人帶領他們至此。但運動總是有更深刻的原因。當青年人看不到教師的長處，便嘲笑，便離去，便去尋找那些不僅僅是閱讀的書籍。或者是科學，或者是詩歌，或者是哲學，那些孤獨者、不滿足者有望成功。

為什麼？潮流來自遠方。我們不能測量自由，任何人都不能測量自由。為了聽得更清楚，人們需要站起來。殘酷的戰爭未能將其殺死。武裝的人民有諸多思想。有影響力的修道院引導思想至帶來思想的人那裏。這不僅限於少數人。幾乎所有人都想到這一次他們將消滅戰爭。這一思想還沒有被埋葬。共同的主題，也是深層次上的宗教主題。這並不比價值的修正更容易，價值總是在獲勝者的傲慢之前被重建。我們在進行戰爭，但還有其他事情。我們是勝利者，但還有其他事情。戰爭完全地喚醒了思想。全部思想有其後續的東西，也是思想，這足夠了。承認還有

其他事情的人，也是思考有人在思考的人。暴君已死亡。

還有另外的變化。婦女也參與思想，這個運動猶豫不定、障礙重重、曲折迂迴。對於作為律師和醫生的婦女，這沒有多大的變化。問題來自於女大學生羣體，人們相信，秸稈多於種子。但最微不足道的思想在繼續。婦女們在寂靜中行動起來，直至拒絕像學生經受教師考試那樣可怖的審查。不是人們相信的那樣過於迅速，情感並未扭曲思想，而是飽含着真誠。結果是男人雖擁有力量，卻因不堅定的膽怯而羞愧。在那裏，我們擁有的根本不是漂浮不定的革命，而不過是通過擴散的自由與堅持而實現的微小的、自負的變革，但其例證尚未得見。

責任編輯　鍾昕恩
封面設計　高　林
版式設計　龐雅美
排　　版　陳美連
印　　務　劉漢舉

教育漫談 | [法] 阿　蘭 著
王曉輝 譯

出版 / 中華教育

香港北角英皇道 499 號北角工業大廈 1 樓 B 室

電話：(852) 2137 2338　　傳真：(852) 2713 8202

電子郵件：info@chunghwabook.com.hk

網址：https://www.chunghwabook.com.hk

發行 / 香港聯合書刊物流有限公司

香港新界荃灣德士古道 220–248 號荃灣工業中心 16 樓

電話：(852) 2150 2100　　傳真：(852) 2407 3062

電子郵件：info@suplogistics.com.hk

印刷 / 美雅印刷製本有限公司

香港觀塘榮業街 6 號海濱工業大廈 4 樓 A 室

版次 / 2023 年 1 月第 1 版第 1 次印刷

©2023 中華教育

規格 / 16 開 (196mm x 130mm)

ISBN / 978–988–8808–37–3

本書繁體字版經由商務印書館有限公司授權出版發行